JN107324

非常事態下の学校教育のあり方を考える

学習方法の新たな模索

土持ゲーリー法一 著

Consider What a School Education Should be in an Emergency
:Seeking New Learning Method

東信堂

はしがき

　本書は、本編と付録からなる。専門書でないので、興味ある論考を拾い読みしてもらってもよい。本編は、筆者の勤務先の弘前大学時代から帝京大学、そして現在の京都情報大学院大学までの論稿を日本私立大学協会『教育学術新聞』（アルカディア学報）で掲載されたものである。したがって、その内容は当時の社会情勢や筆者のファカルティ・ディベロップメント（FD）などの関心事を反映したものとなっている。また、新型コロナウイルスの影響で対面授業からオンライン授業への変更が余儀なくされた当時の社会状況を克明に反映している。出典の詳細については、巻末を参照にしてもらいたい。

　本書の目的は、これまで経験したことがない COVID-19 の感染拡大という非常事態下での学校教育のあり方を考えることである。オンライン授業をはじめたことで学校教育の脆弱性が露になった。脆弱性とは、コンピュータやネットワークのセキュリティに関する用語で、第三者によってシステムへの侵入や乗っ取りといった不正な行為が行われる際に利用される可能性があるシステムの欠陥や問題点のことである。まさしくコロナウイルスの感染で学校制度の欠陥や問題点が露になったことと軌を一にする。日本の学校は文科省によって「保護」されているが、それは文科省が確固たるものであるという前提である。非常事態下の文科省の諸政策を見る限り、さらに脆弱性を露にしたのではないかと危惧される。

　今次のコロナ禍でわかったことは、平時の学校教育改革の場合、児童・生徒・学生が授業を継続しているので本格的な改革は物理的に難しいということである。日本の歴史を振り返ればわかるように、改革の名に値したのは、「明治維新の教育改革」と「占領下の教育改革」のみである。自らで教育改革を断行した経験はない。この二つの大改革は「外圧」による影響が強かったことで共通している。したがって、学校教育の脆弱性を克服するには、グローバル化を推し進めるしかない。それは「外圧」という外からの影響を受けるの

ではなく、自ら率先してグローバル化を推進することで学校教育を「強靭性」なものに改革できると考えている。

脆弱性が指摘されているにもかかわらず、最小限度の修正に留めざるを得ない理由はそこにある。あたかも破水した水道管にテープで修理するような小手先のごまかしである。今回の新型コロナウイルスの脅威は未曽有の出来事で前例もなく、手探りの状態が続いている。これは新型コロナウイルス対策の政府方針を見れば明らかで、「日替わりランチ」のように二転三転している。

これは、政府の東京オリンピック・パラリンピック開催についての「ドタバタ劇」を見れば明らかである。オリンピックはスポーツ「祭典」であり、国民から祝福されるべきイベントでなければならない。国民には不要不急の外出を強要し、緊急事態宣言まで出しながら、オリンピックは「別」だとの独断と偏見は、「政府の都合」としか思えない。昨年、オリンピックが延期されたときは「妥当」な判断だと評価した。それは新型コロナウイルスがそれまでに収束するという「前提」があったからである。現状は、昨年度よりはるかに深刻で「非常事態下」にあるにもかかわらず「強行突破」すれば、東京オリンピックだけに留まらず、オリンピックそのものの意義が問われかれない。

新型コロナウイルスの影響で何が露になったか。それは学校教育につながりがないことがわかったことである。高大接続の問題もその一つである。これは、高校と大学の間に「断絶」があったことを示唆する。このことは、戦後教育改革の原点をふり返れば明らかである。すなわち、初等・中等学校改革は、米国教育使節団（1946年3月）の勧告に沿う「抜本的な改革」であったのに対して、高等教育改革は日本側の利害関係が絡み、結果的には改革という名に値せず、「編成」に留まり、未完のままで終えたことである。最近は、大学と社会の連携を重視する「大社連携」の重要性が叫ばれている。筆者は、誰よりも早くからその重要性を指摘してきた。これからは、SDGs（Sustainable Development Goals、持続可能な開発目標）を視野に入れた横断的な発想が欠かせない。高校・大学・社会が「連携」してはじめて効果が発揮できる。「学び」には「継続」が重要であることは言うまでもない。この「連携」を可能にするのが「アクティブラーニング」なのである。

　本編の具体的な構成は以下のようである。まず、「**序章　非常事態下で学校教育をふり返る**」で問題を提起し、それを受けて「**1章　非常事態下の学校教育を超えて―次世代型学校教育を考える**」では、コロナ禍で露呈した学校教育の脆弱性について言及した論考1)「ウイズ／ポストコロナ時代の授業のあり方―どう変わり、どう対応するか―」を取り上げた。コロナ禍は永遠に続くわけではない。そのために平時の教育はどうであったのかをふり返り、ウイズ コロナ禍での学校や大学での教育活動のあり方、家庭との関係や将来の企業選択との関わりなどを考えた「次世代型学校教育―学習者中心の学びへの転換」に焦点を当て、これに関連した論考2)「パラダイム転換―教員から学生へ、教育から学習へ―」を紹介した。日本では学修成果の可視化が叫ばれているが、「学習パラダイム」提唱者ジョン・タグによる講演内容の論考3)「『学習パラダイム』は試験を超越したところにある」を紹介した。そこでは、評価とアセスメントの違いをタグの授業実践から紹介した。

　2章以下は、これまで『教育学術新聞』(アルカディア学報)で掲載された論考をいくつかに分けて紹介した。たとえば、「**2章　オンライン授業とアカウンタビリティ**」では、オンライン授業で対面授業ができなくなったにもかかわらず、不当に授業料を支払わざるを得ない学生の経済的困窮に焦点を当て、学生の支払った授業料に見合った教育への還元(アカウンタビリティ)が行われているかを問うた論考4)「オンライン授業とアカウンタビリティ―いま、大学は何ができるのか―」を紹介した。次の「**3章　学修成果の可視化とラーニング・ポートフォリオの効果**」では、単位制とラーニング・ポートフォリオについて言及した論考5)「単位制を再考する―eラーニングによる学修時間をどう確保するか」や論考6) 7)「ラーニング・ポートフォリオ活用授業(上) (下)」を紹介した。

　「**4章　アクティブラーニングと反転授業**」では、論考8)「アクティブラーニングの現状と課題」を取り上げた。アクティブラーニングは、高大接続の有効なツールとの認識から、論考9) 〜 11)は帝京大学における AO 入試とアクティブラーニングなどについて言及した。さらに、論考12) 〜 14)アクティブラーニングの評価について、ルーブリックやラーニング・ポートフォ

リオの効果と評価についても取り上げ、ICE モデルの活用について紹介した。「**5章　持続可能なアクティブラーニング**」では、高大接続や大社連携を促した論考 15)「大学教育と高校教育との関わり―高大接続教育の一体的改革―」を取り上げた。「**6章　中教審答申と授業改善**」では、論考 16) 〜 18) において文科省の大学改革の中核である能動的学修とファカルティ・ディベロップメントに関して、学習者を中心とした授業改善が望まれることを重視した。これを受けて「**7章　ポストコロナ時代の授業デザイン**」では、二つの授業デザインのあり方を取り上げた。最初の論考 19) は、対面授業における「学習者中心のコースデザイン―学生の学習を高めるために教員ができる活動―」そしてオンライン授業における論考 20)「オンラインにおける反転授業―授業デザインを考える―」がそうである。

　「**8章　世界の学校教育はどこに向かっているのか**」では、世界の大学改革の潮流に焦点を当てた。日本の FD の原点であるアメリカの FD の現状を取り上げた論考 21)「FD とは継続的な改善―アメリカの FD の過去・現在・未来―」について紹介した。日本の FD は義務化が断行されているにもかかわらず、いっこうに変化の兆候が見られない。一方、アメリカやカナダでは FD から一歩進めた SoTL (Scholarship of Teaching and Learning) という FD についての学識研究が注目される現状を取り上げた論考 22)「『SoTL 学識研究』への誘い―ファカルティ・ラーニング・コミュニティの形成―」という新しいコミュニティのあり方を紹介した。しかしながら、アメリカやカナダの FD や ED (エデュケーショナル・ディベロップメント)、そして SoTL を直輸入して模倣するだけでは何の解決にもならない。その根底にはリベラルアーツ教育が内在している事実を看過してはいけない。そのような認識から、二つのアメリカのリベラルアーツ系大学について紹介した論考 23)「アメリカ東部の小規模リベラルアーツ系大学の輝き (1) ―コロンビア・カレッジ」と論考 24)「(2) イーロン大学」を取り上げた。さらに、大学と社会の連携のあり方にもメスを入れた論考 25)「大学と社会の連携―インプットからアウトプットへ―」を取り上げ、その具体的な事例として同じアジアのシンガポールの取組みについての論考 26)「社会に通用するアクティブラーニング (その 1) シンガポール

の大学　シンガポールマネジメント大学」と論考 27)「(その 2) シンガポール
の大学　デューク・シンガポール国立大学医学部」を紹介した。最新のアメ
リカの大学事情についての論考 28)「最近のアメリカの大学事情―入学試験、
リーダーシップ、就職―」も加えた。

　「**結章**　まとめ」のところでは、「ポストコロナの新しい学校教育のあり方」
を模索する論考を取り上げた。とくに、読者の注意を喚起するために刺激的
なタイトルとした論考 29)「『新制大学』の終焉―大学はどこに行こうとして
いるのか―」を取り上げ、戦後 70 年の大学をふり返り、これで良かったの
か真摯に問いかけた。筆者は、大学の生命線は「単位制」にあると考えている。
1949 年新制大学スタートの時点から、単位制には「ボタンのかけ違い」が見
られ、その後遺症は「単位制の形骸化」につながっている。それにもかかわ
らず、誰も真剣に取組もうとしない。瀕死の状態にある。それに「追い打ち」
をかけるかのように、オンライン授業の実践が「不可避」となった。平時の
対面授業でさえも学生の教室外学修時間の確保は「絵に描いた餅」のように、
なし崩しであったものが、オンライン授業でどのように確保するというのか。
これに終止符を打たなければ、「明日の大学はない」と言っても過言ではない。
そのための対策はあるのか。文科省にまかせていても埒が明かない。それで
はどうするのか、その対策についての論考 30)「授業改善から悩み相談まで
　ファカルティ・ディベロッパーの仕事」そして論考 31)「エデュケーショナ
ル・ディベロッパーの資質―教員や職員に適した専門職かどうかを測るバロ
メーター―」について最後に取り上げた。

　付録は、筆者が顧問を務める「主体的学び研究所」のコラム (「『主体的学び』
を促すゲーリー先生の "Connecting the Dots" コラム」) 26 本の中から、7 本を選んで
紹介した。"Connecting the Dots" は、スティーブジョブズの有名な講演内容
からの一文である。直訳すれば「点」を「線」で結ぶことを意味する。そのた
めには、アクティブラーニングが不可欠である。付録は、以下の 7 つのコラ
ムで構成される。

　コラム 1 は、「新型コロナウイルス・パンデミックでわかった汎用的能力
の重要性」である。

　コラム 2 は、本編でたびたび登場する「学習パラダイム転換」提唱者ジョン・タグと授業デザイン権威者ディ・フィンクとの世紀の対談の内容を「ジョン・タグ教授とディ・フィンク教授による『世紀の対談』映像への誘い―『教育パラダイム』と『学習パラダイム』における教育と学習を語る―」と題して紹介した。

　コラム 3 は、「言語教育を通して学ぶ大切なもの―ブリガムヤング大学 (BYU) 渡部正和先生との対談から―」である。これは、グローバル化を考えるうえで、言語教育をどのように考えるか筆者の関心事である。これからの英語教育は、AI (人工知能) を駆使したグーグル翻訳機を稼働させれば事足りる時代となった。映像対談では、語彙と語彙をつなぐ「文脈」の重要性について議論した。その根底にはリベラルアーツの考えがあることがわかった。

　コラム 4 は、「学生との対話を大切にする授業―コロンビア大学・キャロル・グラック教授―」である。これは、コロンビア大学歴史学教授キャロル・グラックの学生との対話による討論形式授業を紹介したものである。筆者もグラック教授の元学生であったことから取り上げることにした。このようなアクティブラーニングの卓越した授業がコロナ禍で「中断」に追い込まれたことは断腸の思いである。

　コラム 5 は、「教養教育と図書館でわかる『大学の品格』」である。これは、国際教養大学名誉教授勝又美智雄氏との映像対談「グローバル教育から考える主体的学び―世界で活躍する人を育てる教育とは―」を参考にまとめたものである。これまでも繰り返し述べたが、アメリカと日本の大学の決定的な違いは、「リベラルアーツ教育 (教養教育)」の欠如にある。この点に関しては、最近、吉見俊哉『大学は何処へ―未来への設計』(岩波新書、2021 年) の卓越した著書がある。最近は、IT の普及で伝統的な図書館の役割が変わりつつある。対外的に目を向けるだけでなく、大学における教養教育の重要性、そしてそれをサポートする図書館の役割について再考察する必要がある。

　コラム 6 は、「『一枚』の史料で歴史が動いた」である。これは、筆者の研究者としての原点をふり返ってまとめたもので、今後の歴史研究方法論を考えるうえでの礎になればと考えている。本コラムをまとめた「2021 年 3 月 30

日」は、奇しくも75年前、アメリカ教育使節団ジョージ・ストッダード団長が『米国教育使節団報告書』をマッカーサーに提出した日である。

　最後のコラム7は、「キャロル・グラック教授からの『序文』」である。これは英文著書 Education Reform in Postwar Japan : The 1946 U.S. Education Mission (University of Tokyo Press, 1993) で、筆者の『米国教育使節団の研究』をもとに英語版にしたもので東京大学出版会から刊行された。英語版では、コロンビア大学キャロル・グラック (Carol Gluck) 教授からの序文 (Foreword) が掲載された。1969年から1976年にかけて、東京大学出版会は、『戦後日本の教育改革』シリーズ全10巻を刊行した。実は、第11巻が予定されていた。それは英文でまとめたものを共同研究したスタンフォード大学に提出するものであったが日の目を見なかった。この英文著書は、「第11巻」を意図してまとめた。

　本書のタイトルについても説明しておきたい。「非常事態下の学校教育のあり方を考える―学習方法の新たな模索―」は、現状のコロナ禍を「非常事態下」と前向きに捉え、未来につなげたいという意図がある。「明けない夜はない」と言われるように、必ず終息する日が来る。そのときは、いままでにも増して、平常時の学校教育の良さを実感できるはずである。そして、次世代の学習者の教育をどうするか知恵を絞って一緒に考える責任がある。

目次／非常事態下の学校教育のあり方を考える──学習方法の新たな模索

3章　学修成果の可視化とラーニング・ポートフォリオの効果 …… 28

I　教室外学修時間で測定する単位制の「限界」とラーニング・ポートフォリオ …… 28

4章　アクティブラーニングと反転授業 …… 39

I　アクティブラーニングの現状と課題 …… 39

II　アクティブラーニングを促す反転授業とその意義 …… 43

終章　まとめ ……………………………………… 119

非常事態下の学校教育のあり方を考える

——学習方法の新たな模索

序章　非常事態下で学校教育をふり返る

　コロナ禍の学校教育の現状は、「戦時下の学校教育」を彷彿させる。両者の違いは、戦時下の学校教育が「歴史」であったのに対して、コロナ禍の学校教育は、「現在」の問題であるということである。

　「戦時下の教育」のキーワードで検索すると多くの情報にヒットする。とくに、筆者が注目したのは「墨塗教科書」である。これは戦時中、学習者の学びの拠りどころであった教科書が、一夜にして崩れ去る様をイメージさせる。まさしく、現状の学校教育と重なるところがある。すなわち、これまでの学校教育が「通用」しなくなっていることと軌を一にする。

　どうすればよいのか。それがわかれば誰も苦労しない。日本だけではない、世界中が未曽有の出来事に混沌としている。もちろん、「即効薬」などない。コロナワクチン接種が世界の注目の的になっているが、これまでの政府の対応を見ればわかるように、コロナが「コロコロ」と掴みどころがなくなっている。

　「ニューノーマル」という新語も生まれた。後に戻れないことを示唆する。これからの学校教育は「未来」に向かって転換するしかない。歴史観においても現在を起点として「さかのぼり」的なアプローチが欠かせない。すなわち、次世代教育をどうするかに焦点を当てることである。現在と次世代教育をつなげるには、アクティブラーニングの学習法の転換が求められる。そこでは、これまでのように、アクティブラーニング「を」教えるのではない。アクティブラーニング「で」活動させる学習方法の転換こそが喫緊の課題である。そのためには、教員もアクティブラーナーにならなければならない。

　これまでも繰り返し議論され、諸悪の根源と「罵り」を受けながらも、いっ

こうに改善しないのが「入試」問題である。どこに問題があるのか、小手先の改革ばかりで抜本的な改善につながっていないところに原因がある。入試改革は、「大人の都合」によるもので学習者不在の不毛の議論を繰り返している。その根底には「入試選抜」という考えが根強い。すなわち、入学試験の「点数」で合否が決められるという短絡的な方法を繰り返していることである。数字で評価や進路が決められたら、学習者は「やる気」を削がれることになる。たとえ運よく合格したとしても、「選抜」されたものだと勘違いし、本来の学業を疎かにする。入学試験は選抜するためのものではない。学習者の「資質」「やる気」を測るアメリカ式 AO 入試に改めるべきである。

　入試が変われば、すべてが変わると言っても過言ではない。どこをどう変えるか。それは採点方法である。これまでのように、授業で学んだことを問うような知識偏重の試験ではなく、学んだことを起点にどのように応用できるかを問う「アウトプット」方式に変えなければならない。なぜ、このような明白なことがわからないのか。そこにも「大人の都合」で学習者が「蚊帳の外」に置かれているからである。なぜ、それがいま問題になったのか、それは AI（人工知能）の脅威が身近に迫ってきたからである。これまで人間の最大の「武器」であった知識・記憶が AI にとって代わる時代が到来した。

　いま、学校教育では学びの質をアセスメントするポートフォリオの導入が顕著である。多くの学校で導入が加速されている。ポートフォリオを評価するための「ルーブリック」も開発されている。しかし、現状のルーブリックで学習者の資質が測定できるのか疑問が残る。なぜなら、従来の点数をルーブリック化したに過ぎないからである。

　ポートフォリオの特徴は、学びのプロセス（過程）をふり返るところにある。ポートフォリオのもつ「メタ認知」が重要である。一定の距離をおいて自分を客観的に分析することである。コロナ対策では「三密」を避けて、Social Distance を取るように警告されていることとも似ている。一定の距離を保つことで、気づかなかったことに気がつくことがある。

　アクティブラーニングの効果や方法について再考する必要がある。アクティブラーニングの効果が可視化できない原因は、文部科学省の定義づけ

に原因がある。すなわち、文科省は「アクティブ・ラーニング」と「・」で分断している。アクティブとラーニングは一体化したものでなければならない。これではアクティブラーニング「を」教えているに過ぎない。副題のように、「アクティブラーニングの学習方法の転換」を必要とする所以がそこにある。アクティブラーニング「で」教えるべきである。その結果、初等・中等学校でアクティブラーニングについて「学んだ」学習者が大学に入学した途端、アクティブラーニングで物事が考えられないというジレンマに陥っている。さらに、「アクティブ・ラーニング」という形態を取れば、教員が学習者にアクティブラーニングを教えることにつながり、主体的・能動的な学びにつながらない。これは意味もわからず、Active Learning を日本語に短絡的に置き換えたことから派生したものである。アクティブラーニングの学習方法はすべての科目そして生活様式に共通するものでなければならない。

　どのようにツールを変えても、教員が旧態依然のままでは何も変わらない。批判を恐れずに言わせてもらえば、入試を「いじる」まえに、教員養成を見直すことが先決である。歴史は繰り返すではないが、前述の「墨塗教科書」のように、戦争を美化し、軍事教育を訓育した同じ教員が一転して戦争悪を唱え、教壇で民主主義の理念を声高らかに教えても混乱を招くばかりであった。

　学校教育は氷山の一角に譬えられる。水面下には「教養教育」という教員としてのフィロソフィーがあるはずである。口先だけの「オーム返し」で教えるだけが教員ではない。

　いま、大学は教養教育の危機に瀕している。戦後 70 年の功罪の検証が必要である。筆者も戦後教育史研究に携わって 30 年近くが経過し、これまで見えなかったものが見えてきた。それは、「中途半端」な改革であったということである。改革とは名ばかりで、実質的には「継ぎ接ぎ」の編成に過ぎなかった。これは「農耕民族」の長所であり、短所である。これまでは「長所」が「短所」を上回っていたが、最近は「短所」が際立つようになった。詳細は、拙稿「戦後私立大学政策の検証と新たな単位制の展開」(日本私立大学協会附置私学高等教育研究所創立 20 周年記念『私立大学研究の到達点』(2021 年 3 月 31 日発行)

を参照。

　戦後大学改革の特徴は、「一般教育」と「単位制度」であった。なぜなら、この二つは、戦後に新たに生まれた制度であったからである。「一般教育」は解体され、教養教育という名称で復活されたが本質を見失った。「単位制度」も然りである。窒息状態で形骸化も甚だしい。とくに、単位制が学生の学修時間の「学習量」によって測定される事実を多くの教員は看過し、学生に単位を与えるものだと誤解している。教員が学生に与えるのは「成績評価」であって、単位ではない。単位は学生が自らの学習量によって獲得するものである。

　そのような単位制の誤解は、教員中心の大学教育から生まれた弊害である。単位は、教室外学修時間で測定される。今次のオンライン授業では、これが難しくなった。オンライン授業での教室外学修時間をどのように確保するか、重要な課題である。なぜなら、単位制度は大学教育の根幹をなすからである。

　「一般教育」「単位制」の中心となる教養教育に大きな「ボタンのかけ違い」があった。「かけ違い」にも気づかず「見切り発車」したが、時間の経過とともに、後遺症が広がり機能不全に陥った。最大の原因は、旧制高等学校の教員を何の教員養成もせずに、新制大学の「一般教育」の教員に「鞍替え」したことにある。「墨塗教科書」と同じ現象が大学でも起こった。FDは初年次教育において必要である。なぜなら、そこでは「生徒」から「学生」の切り替えに必要だからである。新制大学の最大の欠陥は、旧制高校の教員を十分なFD（教員研修）もしないで「横滑り」させたところにある。

　たかが教養教育、されど教養教育である。「教養」の意図を誤解しているところに諸悪の根源がある。これはリベラルアーツ的「汎用的能力」を培う大学教育の「心臓部」であるとの認識が乏しい。教養教育は大学生、そして未来の社会人としての批判的思考力や洞察力など人生の基礎を培うところのものでなければならない。

　大学における教員養成の現状も「滑稽」である。指導する教員が旧態依然のままで、学生だけに変革を求めても「お門違い」である。昔から「社会は変わる、学校は変わる、しかし教員は変わらない」の繰り返しである。

　教員を変えることは至難の業である。変わるのではなく、「視点を変える」とパラフレーズして考えてみてはどうであろうか。グローバル社会では、世界中に無数の可能性がある。海外からの留学生や世界中から有能な人材を確保するために、視点を変えるだけで多くのことが解決できる。日本の英語教育も問題が山積である。いっこうに改善する兆しがない。主体的学び研究所コラムでも取り上げているが、批判を恐れずに言わせてもらえば、諸悪の根源は日本人の英語教育が「言語学者」ではなく、「英文学者」によって牛耳られていることに起因する。その点、アメリカの移民のための語学教育は卓越している。片言も英語が喋れない移民を 1 年余りで日常生活に不自由しない語学力に変貌させているからである。それは、TESOL（英語を母国語としない人向けの英語教授法）という優れた教授法があるからである。筆者は約 30 数年前、この英語教授法を某大学の英語教育カリキュラムに導入しようと奔走したことがある。結果的には、水の泡に帰した。それは英文学に傾倒した某学長がアメリカの TESOL のことを「移民のための英語だ」と揶揄したことである。いまでも、そのときの無念さを忘れられない。ここにも「大人の都合」が優先された。

1章　非常事態下の学校教育を超えて
——次世代型学校教育を考える

Ⅰ　コロナ禍で露呈した学校教育の脆弱性

論考1）ウイズ／ポストコロナ時代の授業のあり方
——どう変わり、どう対応するか

はじめに

　ウイズコロナにおけるオンライン授業を振り返り、秋学期に向けてどのように対応するか検討している大学が多いと思われる。オンライン授業を継続するか、対面授業に戻すか模索が続いている。大学の対応に「一喜一憂」しているのは他でもない学生である。とくに、新入生の中には授業はおろか、キャンパス活動もできないまま「悶々」としているのではないだろうか。

　まだ、オンライン授業の教育効率について調査結果が公表されていないが、多くの反省点も浮上している。ウイズコロナでは大学側対応の遅れ、インターネット環境の不備などネガティブな側面が露になった。同時に、対面授業のあり方を省みる良い機会ともなった。しかし、これはウイズコロナにおける「応急措置」的なものに過ぎない。大学は、将来を見据えた長期的展望に立って、ポストコロナ時代の授業のあり方を視野に入れて考える必要がある。

　「オンライン授業は対面授業と同じくらい効果的であったか（Are Online Courses as Effective as In-Person Education?）」と題する記事（https://www.coursearc.com/are-online-courses-as-effective-as-in-person-education/）によれば、eラーニングの有効性を対面授業と比較することは困難であるという。どのような教育方法がより効果的であるかは即断することができない。なぜなら、教育効果の測定には、複数の可変性を考慮する必要があるからである。世論調査、分析および

観察を踏まえて研究者が「オンライン授業と対面授業のどちらがより効果的か」という質問に答えようとしたところ、双方でそれぞれのアプローチに賛否両論があった。それではどう対応すれば良いのかについては後述する。

新しい「オンライン授業パラダイム」の時代

　「教育パラダイム」や「学習パラダイム」の言葉をよく耳にするが、その時代背景がわかりにくい。これについては、約 10 年ごとのアメリカの高等教育の歴史的変遷で考えるとわかりやすい。たとえば、1960 年代は「学者の時代」と呼ばれ、研究が重視された。1970 年代は「教員の時代」と呼ばれ、教育が注目され、学生の授業評価に焦点が当てられた。1980 年代は「ディベロッパーの時代」と呼ばれ、ファカルティ・ディベロップメントが注目された。1990 年代は「学習者の時代」と呼ばれ、学生の学習に焦点が当てられた。そして、2000 年代は「ネットワークの時代」と呼ばれ、ネットワークによるコラボレーションが重視され、現在に至っている。(注：拙著『ポートフォリオが日本の大学を変える―ティーチング / ラーニング / アカデミック・ポートフォリオの活用―』東信堂、2011 年、1 頁)。

　ウイズコロナでは、ネットワーク時代の延長として「オンライン授業パラダイム」の時代に突入したのではないかと筆者は考える。「オンライン授業パラダイム」は筆者の「造語」である。ウイズコロナあるいはポストコロナ時代の授業は、「ハイブリッド型」になるのではないだろうか。「ハイブリッド型」とは、「教育パラダイム」と「学習パラダイム」を「ブレンド」した新たなオンライン授業形態を可能にするという意味においてである。しかし、それは「旧態」と同じということではない。これまでとは違った「教育」と「学習」のあり方を模索し、対面とオンライン授業を「同時並行」で行うという意味である。すなわち、授業方法と学習方法の「パラダイム転換」である。具体的には、「疑問形」で問いかけ、「疑問形」で考えて学ばせる方法である。これからの大学の学びには「？」(疑問符)が欠かせない。したがって、教員にはファシリテータとしての役割が求められる。

オンライン授業での教育の質の確保

　教員は、バーチャル環境での学生とのエンゲージメントは難しいと考えている。PC の裏側に置かれた学生は一人でやる気が出なかったり、多忙を理由に受講しなかったり、途中で脱落したりすることが多々ある。したがって、学習者の「モチベーション」をどのように維持させるかが難しいというのがオンライン授業のデメリットである。そのための工夫が教員に求められるが、学生との Engagement（関与）を築くことは「言うは易く行うは難し」である。筆者の学習者のモチベーションを維持する「仕掛け」については、「単位制を再考する─e ラーニングによる学修時間をどう確保するか」『教育学術新聞』（2020 年 5 月 13 日）で「ミニットペーパー・ポートフォリオとコンセプトマップ」の項目で紹介している。たとえば、コンセプトマップはポートフォリオを書くときに一緒に提出させていたが、これでは学習者のモチベーションを維持することは難しいと考え、そこで授業終了ごとに描かせて提出させることにした。各授業のコンセプトマップに学生の工夫・向上の跡が見られ、全 15 回を継続するバイタリティになっている。これをどのように最終ポートフォリオでまとめてくれるか楽しみである。筆者は、学習者が授業で何を学び、どのようにつなげるかに重点を置いている。

オンライン授業の教育効率

　オンライン授業の成果を問うのは時期尚早かも知れないが、いくつかの事例がある。『ザ・ニューヨークタイムズ』紙（2020 年 6 月 13 日）は、「仮想教室とオンライン学習が急増するにつれて、研究者は何が機能し何が機能しないかを定量化するために取り組んでいる」としたうえで、学生は原則として、コースによってはオンライン授業での学習効率が通常より低くなる傾向にあると分析している。ただし、ファシリテータまたはメンターがいる場合は、優れたパフォーマンスを発揮する。この指摘は重要である。授業にはフィードバックが欠かせないことを示唆している。オンライン授業は e ラーニングで行われるため、どうしても顔が見えないことから学生とのフィードバックにも限界があり、無意識のうちに「e ティーチング」に陥る危険性がある。

　2020 年 7 月 4 日、日本オープンオンライン教育推進協議会 (JMOOC) 主催第 6 回オンライン授業に関する JMOOC ワークショップ「ポストコロナ禍時代の大学教育」が開催された。早稲田大学総長田中愛治氏は「コロナ禍での早稲田大学の対応とポストコロナにおける大学教育」と題して基調講演を行った。多くの教員はオンライン授業でかなり効果があったとの意見が紹介された。また、数年前から反転授業の有用性が叫ばれたが、録画収録など、教員の負担も大きいところから定着しなかった。しかし、今回の新型コロナウイルスの影響で全教員がオンライン授業を実践したことで、その可能性が見えてきたとその方向性を示唆した。

　オンライン授業が教員から高い評価を受けていることと教育効率が良いこととは別問題であり、さらなる検証が必要である。調査結果が公になるまでには時間がかかると思われるが、筆者はオンライン授業での教育の質の低下を危惧している。その根拠として上げたいのは、授業で最も重要であるフィードバックが欠如していることである。たしかに、ZOOM や GOOGLE MEET などの双方向ツールを活用しているが限界がある。これらのツールはテレビ会議用であって、授業に適しているかどうかは、さらなる検証が必要である。これは反転授業においても然りである。反転授業は、教室外学習と教室内授業に分けて、前者で「理論」を後者で「実践」ができるというメリットがある。しかし、オンライン授業では教員と学生のフィードバックが円滑に行われないことから、そのメリットも「半減」している。

学修ポートフォリオ

　近年、文科省の指導もあって「学修成果」の可視化が叫ばれる。「学修成果」には授業成果の可視化も含まれるが、学生が 4 年間で約 124 単位を履修して学士号を取得することを考えれば、他の教員の授業も直接・間接的に影響を与えることになり、そのことも考慮する必要がある。最近、「学修ポートフォリオ」が注目されている。これは学びの軌跡を振り返ってファイル（フォリオ）に収めたものである。学修ポートフォリオを導入している大学が徐々に増えている。学習成果は 4 年間の集大成でなければならない。4 年間の学習成果

をどのように可視化するか。多くの大学では、卒業研究あるいは卒業論文で代替しているが、これで学習成果と呼べるのか甚だ疑問である。これは「研究成果」であり、教員指導による3～4年次の学業の一部に過ぎない。

いま、全米で注目されているのが、「卒業ポートフォリオ」と呼ばれるもので、4年間の学習成果を集大成したポートフォリオのことである。アメリカの大学では卒業論文に代えて、卒業ポートフォリオを導入する大学が増えている。卒業ポートフォリオの優れている点は、卒業論文では学業面しかわからないが、ポートフォリオでは4年間の学習プロセスを把握できる。論文の場合、内容が中心となるので、学生がどのように取り組んだか「技能・態度」の側面がわかりにくい。ポートフォリオの場合、学生がどのように考え、どのように振り返ったかを知ることができる。この「振り返り」が「深い学び」につながる。

卒業ポートフォリオも最近、紙媒体から電子媒体に代わっている。学生のモチベーションを維持するためにも、4年間で完成させる卒業ポートフォリオが望ましい。

ウイズコロナの「授業デザイン」

新型コロナウイルスの影響で「対面授業」用のシラバスを代替して授業に臨んだ教員も少なくなかったと思われる。ウイズコロナあるいはポストコロナ時代のシラバスには、これまでとは違った「用途」が求められる。それは対面とオンライン授業で併用できるものである。

シラバスを見直すことはもとより、その礎となる「授業デザイン」の見直しが先決である。具体的には、ウイズコロナの「授業デザイン」はどうあるべきかを考えることである。以下は、「ウイズコロナの授業デザイン」の私案である。

おわりに

週一回90分授業の見直しが必要である。実は、占領下日本の大学改革の議論では、週3回あるいは週2回の授業回数が俎上にあがった。週1回90

図 1-1　ウイズコロナの授業デザイン

（筆者作成）

分授業は、大学教員の研究時間を確保するための「都合」であったと言われる。学生にとっては「地獄」のような時間である。

　オンライン授業を継続するのか、対面授業に戻すとしても「3 密」が怖いなど、どちらにするか「躊躇」している大学も多い。この「3 密」を避けるためにも週 2 回に授業を「分散」することも選択肢として考えられる。週 2 回の一つをオンライン授業で実践することで、自然発生的に反転授業につながるという「副産物」も生まれる。

　冒頭の「オンライン授業は対面授業と同じくらい効果的であったか」というような短絡的な質問ではなく、オンライン授業と対面授業をどのように組み合わせれば、どのタイプの学生にどのような状況で学習を効果的にすることができるかとパラフレーズして質問すべきであろう。

II　「次世代型学校教育——学習者中心の学びへの転換」

論考 2）パラダイム転換——教員から学生へ、教育から学習へ

　日本の大学でもパラダイム転換の動きが活発になっている。今年 6 月、東

北大学で開催された大学教育学会第35回統一テーマも「教育から学習への転換」であった。パラダイム転換は、大学教育に何をもたらすのか。アメリカの「教育から学習へのパラダイム転換」は、1995年頃からはじまった。これは、高等教育専門雑誌『Change』に「教育から学習へ―高等教育におけるパラダイム転換―」と題して発表されたRobert B. Barr & John Taggの論文に端を発したものである。同論文の日本語訳については、雑誌『主体的学び』(主体的学び研究所、創刊号、東信堂、2014年)を参照。この論文は、従来の「教育パラダイム」における大学の取組みを批判して、大学の目的は学生の学習を生み出すことで、教育課程や授業改善は手段に過ぎないとした。そのうえで、学生の学習を生み出すことを目的とした「学習パラダイム」にもとづく大学教育の改善を提唱した。このパラダイム転換で大学教育がどのように変わったかについては、**表1-1**「教育パラダイムとの比較一覧」を参照。中教審答申も大学教育の質的転換を促しているが、これもパラダイム転換を示唆するものである。アメリカのパラダイム転換には2つのレベルがあるとPOD元会長ディ・フィンク博士は述べている。一つ目は、個々の大学レベルにおいては良い教授法を推進するだけでなく、どのように優れた学習を促進できるかという視点に立ったものである。二つ目は、認証評価機構のような大きなレベルの動きである。すなわち、彼らの主張はアメリカの認証評価機構の基準にも影響を与えた。それまでは、大学の資金は十分か、教員は高い学位を有しているか、教育方法の研修を受けているか、図書館の蔵書は十分かなど、インプットの側面が重視された。しかし、これに加えて「高い質の学習がどのように行われているか」が問われるようになった。そのため、大学は認証評価機構に対してどのように対応しているか証拠資料の提示が求められ、改善のための具体的な手続きを説明する必要がある。すなわち、インプットに加えて学習成果(ラーニング・アウトカム)が求められている。このような動きが表面化していることは、パラダイム転換が生じている証である。アメリカでは大学そして認証評価機構においても教員から学生へ、教育から学習中心へのパラダイム転換が断続的に行われている。

　中教審答申でも能動的学修(アクティブラーニング)を起点として、大学の質

表1-1　教育パラダイムとの比較一覧

		教育パラダイムとの比較一覧	
		教育パラダイム	学習パラダイム
①	使命と目的	＊教育を提供／伝授する ＊知識を教員から学生に移譲する ＊コースやプログラムを提供する ＊教育の質を改善する ＊多様な学生のアクセスを可能にする	＊学習を生み出す ＊学生から知識の発見や考えを誘い出す ＊強力な学習環境を創造する ＊学習の質を改善する ＊多様な学生の成功（成果）を可能にする
②	成果の基準	＊インプット、資源 ＊入学する学生の質 ＊カリキュラム開発と拡大 ＊資源の量と質 ＊在籍登録者数と収入の増加 ＊教員と教育の質	＊学習と学生の成果の結果 ＊卒業する学生の質 ＊学習技術の開発と拡大 ＊成果の量と質 ＊集合的学習の伸びと能率 ＊学生の学習の質
③	教育／学習の機構	＊原子論的〜全体よりも部分重視 ＊時間は一定に保ち、学習は変動する ＊50分講義、3単位コース ＊クラスは一斉に開始／終了する ＊一クラスに教員が一人 ＊独立した学問分野、学部 ＊教材をカバーする ＊コース終了時の採点評価 ＊クラス内で担当教員による成績評価 ＊プライベートな評価 ＊学位は単位時間数の累積に相当する	＊全体論的；〜部分よりも全体重視 ＊学習を一定に保ち、時間は変動する ＊学習環境 ＊学生の準備ができたとき環境の準備ができる ＊学習体験がうまくいくなら、なんでも可能 ＊学習分野や学部を超えた協同 ＊規定した学習成果をあげる ＊開始前／中間／終了後の評価 ＊外部による学習の評価 ＊公的な評価 ＊学位は、証明された知識及び技能である
④	学習理論	＊知識は"外に"ある ＊知識は指導者が伝授する"塊"や"断片"で現れる ＊学習は累積で直線的である ＊知識の倉庫という譬えに合致する ＊学習は教師中心に管理される ＊"活気ある教師"、"活気ある学生"が求められる ＊クラスルームと学習は競争的で個人主義的である ＊才能や能力はわずかである	＊知識は一人一人の心の中にあり、個人の体験によって形成される ＊知識は構築され、創造され、"取得される" ＊学習は枠組みの重なりで相互作用である ＊自転車の乗り方を学ぶ譬えに合致する ＊学習は学生中心に管理される ＊"積極的な"学習者が求められるが、"活気ある"教師は不要 ＊学習環境と学習は協力的、協同的、助け合いである。 ＊才能や能力があふれている
⑤	生産性と資金配分	＊生産性の定義〜学生一人当たりの指導時間に対するコスト ＊指導時間数に対する資金配分	＊生産性の定義〜学生一人当たりの学習単位に対するコスト ＊学習成果に対する資金配分
⑥	役割の性質	＊教員は主として講義者である ＊教員と学生は独立して別々に行動する ＊教師が学生を分類し選別する ＊スタッフは教職員と指導過程を援助／支援する ＊専門家は誰でも教えることができる ＊直線的管理〜独立した役者たち	＊教員は主として学習方法や環境の設計者である ＊教員と学生は一緒に、あるいは他のスタッフも加えてチームで活動 ＊教師は学生それぞれの能力や才能を引き伸ばす ＊スタッフ全員が、学生の学習と成果を作り上げる教育者である ＊学習力を高めることは骨が折れる、複雑なことである ＊共同管理〜チームワーク

出典：筆者作成「表1　教育パラダイムとの比較一覧」『主体的学び』創刊号7頁（東信堂、2014年）

的転換を目指している。その結果、多くの大学で学生の主体的学びを促す能動的学修を学士課程教育において促進するために、ディスカッションやディベートといった双方向型学修や自らの課題に取り組む問題解決型学修を中心とした授業への転換が行われている。しかし、能動的学修は双方向型授業やグループ活動だけに限定されるものではない。どのような授業形態でも能動的学修は可能である。フィンク博士は、能動的学習を3つ分けて説明している。一つ目が「情報とアイデア」によるもので、情報あるいはアイデアを何らかの方法によるもので、講義、本や文献によって得られる。二つ目が「経験」から得られるもので、何らかの行動を伴うことでより能動性が生じる。ここでは現実あるいは生活における経験が必要になる。このような行動は、必ずしも、物理的な行動を指すのではなく、知的な行動のことである。たとえば、分析して質問をしたり、質問に答えたり、問題を解いたり、決定を下したりする行動である。三つ目が「省察」と呼ばれるもので、二つの振り返りから得られる。一つが主題に対するもので、たとえば、地理学などの授業では多くの文献を読み、用語集を作り、主題に関する事柄を集めて小論を書くというようである。もう一つが「学習プロセス」について振り返るもので、一般的ではないが最も重要であるとフィンク博士は主張している。学習プロセスを振り返り、自らに問いかけるものである。たとえば、何をうまく学べたか。どのように学べたか。それは読書からか、実行からか、あるいはそれ以外から学んだものか。何が学習を助けたかあるいは妨げたか。学習者としての自分にどういう意味が見出せたかなど、これらが学習プロセスへの振り返りである。これをジャーナル日誌やラーニング・ポートフォリオを通して繰り返すことで、自らの学習パターンに気づき、さらに学習についての理解を深め、学習者としての自分を理解できるようになる。そこでは単なる学習者ではなく、「メタ学習者」となる。すなわち、単に地理学を学んでいるのではなく、学習について学んでいることになり、自律的な学習者となる。そのためには、時々、立ち止まり、学習プロセスを振り返る必要がある。これが中教審答申の生涯学び続け、主体的に考える力を育成することにつながると考えている。

論考 3)　「学習パラダイム」は試験を超越したところにある

はじめに

　大学において何が問題なのか。大学は何をやるところなのか。学生に学ば
せて学位を授与するだけで良いのか。何が大学で重要なのかを考える必要が
ある。学位と認知発達に関するデータによれば、認知技能が経済成長と密接
なつながりがあることが、最近の OECD 調査でわかった。学校へ通った就
学年数と経済成長との間に、統計上は何ら意義ある差異がないことがわかっ
た。すなわち、経済発展にとって学位取得や就学年数は関係がないというこ
とである。それでは何が問題になるのか、それは学びと認知発達ということ
になる。何が問題でそうでないかの違いを明確に区別する必要がある。

　組織理論についてであるが、大学も組織であり、他の組織と同じように組
織の理論にもとづいて行動する。二つの「組織理論」がある。一つが「信奉理
論 (Espoused Theories)」と呼ばれるが、この英語表記は少々滑稽である。ど
のような教員になりたいかと尋ねれば、多くの教員は学習者中心のアクティブ
ラーニングを取り入れたいと回答しているにもかかわらず、収録映像を見る
と 62％が教員の講義で占められており、学生のアクティブラーニングを阻
害して、5％以下の時間しか与えていないことがわかった。それでもアクティ
ブラーニングをしているといえるのか。これに対する教員の回答は、そのよ
うな実態とは知らずに従ったとする信奉理論であった。もう一つの理論は、
「使用理論」と呼ばれるもので、行動から推論できる理論のことである。組
織パラダイムは、最大の使用理論にもとづくもので、組織がどのように運営
されているかを規定するものである。

教育パラダイムと学習パラダイム

　大学を統治するパラダイムは二つある。一つが「教育パラダイム」と呼ば
れるもので、ほとんどの大学がこれである。そこでは、どのようなコースを
履修し、何単位が授与され、成績がどうであったかが問われ、その結果、学
位が授与される。先に紹介したように、学位の取得や就学年数は経済成長に

関係がない。どれだけ多くの単位を取得して卒業したとしても、大学を出てから仕事に役に立たなければ意味がない。知識・能力・技能が重要なのである。これが二つ目の「学習パラダイム」である。これは、学生が教育体験を通して何を学んだか、何ができるようになったかである。これまでの「学び」は、つなぎ合わせた断片的な情報を測定した。しかし、それは最も重要なことではない。どれだけ学んだかよりも、何を学んだかがはるかに重要である。さらに、どのように応用できるかがより重要なのである。

浅い学びと深い学び

　二つの異なる学習アプローチがある。一つ目が「表面的アプローチ（浅い学び）」と呼ばれるもので、暗記する学習で、表面的な文字（サイン）やエッセイの語彙などに依拠する。すなわち、記憶力に依存するものである。二つ目が「深いアプローチ（深い学び）」と呼ばれるもので、表面的な文字（サイン）ではなく、根底にある意味につながりを持たせたものである。これは学習者の考え方につながるアプローチともいえる。すなわち、意味がどのようにつながっているか全体的に考えるものである。ここでのつながりとは、これまで学びの知識をつなげることを意味する。意義ある学びとは、学んだ概念や経験をつなげるという考えが重要である。したがって、深いアプローチが著者の意図をくみ取るのに対して、浅いアプローチは表面的で著者の意図から外れて間違った理解につながる恐れがある。

　「エクスパート」と「ノン・エクスパート」の考えの決定的な違いがどこにあるかを研究成果にもとづいて紹介した。エクスパートと呼ばれる人の特徴は、意義ある学びのパターンを熟知し、学びを文脈の中で捉えている。たとえば、伝統的な医学部に対する批判を見れば顕著である。学生が最初に基礎科学の知識を学び、後に臨床実習をするが、臨床現場では基礎科学の知識を忘れていることが多い。あるいは、患者と接してどのように対応したら良いか戸惑っている。一方、優れた医師や看護師は、知識を文脈化して患者の症状に合わせて考えている。しかし、授業の現場ではそのような指導ができていない。すなわち、患者について学ぶのではなく、授業では化学を学んでい

るに過ぎない。その結果、はじめから臨床現場に見立てて学ばせるケースが見られるようになった。これなら学生は学んだことを文脈化でき、応用につなげられる。

　さらに言うと、エクスパートは学んだことをピアレビューし、批判的に考えて次に進む。ノン・エクスパートは情報を断片的に切り崩して収集し、表面的にしか理解できていない。なぜなら、根底にある意味が何なのかを理解せずに、羅列された事項を覚えているに過ぎないからである。エクスパートが深いアプローチを取るのに対して、ノン・エクスパートは表面的アプローチに留まり、個別の事実を集めた知識のみで、文脈にあてはめていないために間違いを繰り返すことになる。記憶するだけで意味につなげていないのである。すなわち、「勉強したから知っている」に過ぎない。これはテストのために短時間で知識を詰め込むことと同じである。学生が試験のために詰め込み学習をするのは、明日の試験に必要だからである。両者の違いは、深い学びのアプローチの人は、学びに意義を見出し楽しんでいるが、浅い学びのアプローチの人は記憶するだけで学びを楽しむ余裕がない。

「学習パラダイム」に逆行する試験

　大学では学生への動機づけが重要である。ところが、良い成績につながる外からの動機づけであっても、学生のやる気を損なうという調査結果がある。すなわち、成績は学生の動機づけにはならない。それは学生の興味を喪失させる。理由はどうであれ、教員は学生に成績評価を与えなければならない。これは職務である。これをどのように克服するか、学生への成績評価に関して自らの経験を紹介した。学生から提出されたエッセイを読んだ後、修正などのコメントをつけて返却したが成績はつけなかった。学生がエッセイを読んで書き直して提出したものに対して成績評価をつけた。すなわち、最初から成績をつけるのではなく、学生に考え直す機会を与え、ブラッシュアップさせた後のエッセイに最終評価を与えるというものであった。教員の外発的な動機づけの前に、学生自らの内発的な動機づけを奨励した。授業では試験が課せられるが、これは「典拠のない活動」と呼ばれるもので、すべての「試

験」がそうである。一方、「典拠のある活動」と呼ばれるものは、人間の日常生活に関連づけられた活動である。「最終的な『学習パラダイム』は、試験を超越したところにある（"The final 'learning paradigm' is beyond of the test."）。しかし、そこに到達するには時間がかかる」。これは重要な指摘である。試験は、学習者の内発的動機づけを後退させ、興味・関心を損なう可能性がある。「典拠のある活動」は、自分のための活動である。たとえば、エッセイを書いたり、スポーツや演劇を楽しんだりする活動がそうである。なぜなら、自分と直接につながっているからである。試験を考えればわかるように、誰も試験を楽しんでいない。大学を卒業したら試験を受ける機会はほとんどない。社会につながる活動が必要である。それが「典拠のある活動」と呼ばれる。

　授業ではフィードバックが重要である。「評価」には二つのタイプがある。評価とフィードバックである。評価はパフォーマンスに対する診断であって、フィードバックは将来のパフォーマンスを改善させるものである。両方とも重要である。要は、評価を重視するか、フィードバックを重視するかである。フィードバックは強力である。たとえば、テストを受け、翌日に同じテストを受けても、どこが誤っていたかがわからなければ、同じ間違いを繰り返すことになる。フィードバックされることで同じ間違いを繰り返さない。調査によれば、フィードバックは成績にとって最も重要な要因であるとの報告もある。「典拠のある活動」で重要なことは、答えを知らない人と活動することである。たとえば、教員と話すときを考えてみよう。教員は自分よりも多くのことを知っている。同じことを教員ではなく、別の人と話した場合、相手は答えを知らない可能性が高く、推測できないので、相互作用が必要になってくる。学生同士が質問をやり取りすることで理解を深める、いわゆるピア・インストラクションが役立つとの調査結果もある。学生同士が互いに話し合うことで大きな改善につながる。成功のためには、教員自身がエクスパートになる必要がある。これは教員の専門分野のことではない。学生に関しての情報を正確に収集しているか、学生の学びを正しく把握しているかのことである。

写真：左からジョン・タグ、ディ・フィンク、松本美奈（パネリスト）、筆者

おわりに

　最後に、大学の教室でどのように授業が行われているか、それが成功して
いるか、失敗しているかを知る術はない。良い事例があったとしても共有す
ることはできない。どの教員が学部で成功しているかもわからない。これを
克服するためには、学びのためのコミュニティを作る必要がある。大学は専
門性を高めるところであると同時に、学生の学びを促進するための二次的環
境を整える必要がある。たとえば、Faculty Learning Community などがそうで
あるとして、SoTL（Scholarship of Teaching and Learning）へのつながりを示唆した。
そのことで教員は何がうまくいき、何がうまくいかないかを知ることができ
る。大学で何がベスト・プラクティスなのかを周知徹底する必要がある。こ
れは大学の責任である。大学がディープ・アプローチを取れば、学生もディー
プ・アプローチを取る。なぜなら、大学が「模範」を示すからである。学生
が学びは重要であると認識することで、より良い学習者になると結んだ。

2章　オンライン授業とアカウンタビリティ

I　オンライン授業で露になった対面授業の欠陥と学生救済

論考 4）オンライン授業とアカウンタビリティ
──いま、大学は何ができるのか

はじめに

　新型コロナウイルス・パンデミックは、2020 年アメリカ大統領選挙にも大きな影響を与えた。大学や教育機関もこれまで経験したことがないオンライン授業に直面し、うまく対応できたところとそうでないところが歴然としている。授業料納付の猶予・延納・減免などの措置を迅速に講じた大学もある。しかし、それだけで大学としての説明責任を果たせたとは言えない。オンライン授業を起点に「大学とは何か」、「なぜ、大学教育を受ける必要があるのか」といった本質論まで飛び交っている。これまで何も考えずに大学進学した若者も不安や動揺を隠しきれない。このように、新型コロナウイルス・パンデミックの波紋は、「大学とは何か」を正面から問い直す動機づけとなった。本稿では、オンライン授業と「アカウンタビリティ（Accountability）」について考える。アカウンタビリティは経済用語であるが、これを大学に置き換えれば、授業料納付に見合っただけの教育費を還元しているか、その説明責任が問われることである。

アカウンタビリティとは何か

　アメリカで大学を評価するときに使われる用語の一つに「アカウンタビリティ」がある。これは企業の経営状況を説明するときに使われるものと同

じである。大学における「説明責任」とは何か。それは授業料納付に対して、どれだけ教育費として還元されているかを説明する義務のことである。

　日本の私立大学におけるアカウンタビリティの実態をみれば、多くの大学が「レッドカード」状態にある。なぜなら、学生からの授業料納付に見合うだけの教育費を還元していないからである。大半の大学は、授業料納付を学生の教育のためではなく、その多くを教員の給与など別のことに費やしている。国立大学や公立大学でも公的な予算から配分されているとはいえ、学生のために十分に教育費として還元されているとは言い難い。オンライン授業の不透明なときこそ、授業料納付がどのように教育費として還元されているか「説明責任」を果たす義務がある。

　なぜ、アメリカの大学では「アカウンタビリティ」がことさらに重視されるのか。それは、高等教育へのアクセスが将来の「投資」だと考えているからである。したがって、高額な授業料負担も「銀行ローン」で乗り切れる。それも学位を取得して良い職に就くことが大前提である。新型コロナウイルス・パンデミック勃発でキャンパスでの授業もできずに危機に瀕した状況では、将来の就職もおぼつかない。卒業するどころか、大学の存続さえも危ぶまれる。そのような危機的状況で、アカウンタビリティをどのように担保するか。財源が潤沢な私立大学ならともかく、リベラルアーツ・カレッジのような少人数カレッジの前途は厳しいと言わざるを得ない。

　アメリカの学生が銀行ローンに依存するのは特別なことではない。これは家庭の経済状況だけが理由ではない。裕福な子弟でも自立心を養わせるために、あえて学費を「稼がせる」という風潮がある。アメリカの大学は卒業が難しいので、日本のようにアルバイトができない。筆者のカリフォルニア州立大学(サクラメント校)時代の友人が、中古車を買ったと自慢げに話したことがある。どのように資金を工面したのかと尋ねると、「銀行より安いローンを父親から借りた」と躊躇なく語ったことを思い出す。

　ハーバード大学教授で『ジャパン・アズ・ナンバーワン』(原題：Japan as Number One: Lessons for America) を 1979 年に刊行した社会学者エズラ・ヴォーゲル氏は、NHK のハーバード・ロースクールに関するテレビ番組のなかで、

ハーバード大学の偉大さは、世界中に卒業生のネットワークがあり、それが
ビジネスチャンスにつながっているという趣旨のことを話した。新型コロナ
ウイルス・パンデミックの状況下では、このようなネットワークも期待でき
ない。

　アメリカの大学には日本のような「偏差値」による大学ランキング指標は
ない。その代わり、「アカウンタビリティ」が大学の質保証の「バロメータ」
になっている。すなわち、授業料納付に対してどれだけ教育費用として還元
されているか、データを公表している。これは学生やステークホルダーに対
する「説明責任」である。どの大学も平均して授業料納付より多くを教育費
として還元されている。その「カラクリ」は何か。それは大学には豊かな資
金源がある場合が多い。大企業や卒業生からの献金や寄付金、大学も資産運
用などで授業料納付以外から資金を集め、それらを教員の給与や研究費に充
てる。したがって、学生は授業料納付以上のものが教育費として還元される
ので、アカウンタビリティの義務を果たしているといえる。それが、母校へ
の寄付金を促す「好循環」につながる。このように「アカウンタビリティ」は、
大学としての説明責任を果たすだけでなく、大学における教育の質保証にも
役立っている。

カナダの大学におけるアカウンタビリティ

　東北大学によるカナダの大学教授職に関する海外調査でアカウンタビリ
ティについて調査する機会があった。周知のように、カナダは広大な土地に
比して、大学が著しく少ない。しかも、多くが州立大学である。したがって、
大学の質が均等でハイレベルである。大学の教育予算は州から配分されるた
め、公金を使用する関係上、アカウンタビリティが厳しく問われる。そこで
は、どのように大学のアカウンタビリティを果たしているかが鍵になる。カ
ナダの教員評価で最も注目されるのが、「学生による授業評価」である。こ
れは日本のように、「学生による授業評価」が「ひとり歩き」することはなく、
教員自らが授業評価を省察・分析してポートフォリオに証拠としてまとめた
ものを評価の対象にする。

　日本でもほとんどの大学が「学生による授業評価」を実施している。しかし、甚大な時間とエネルギーをかけて調査したにもかかわらず、十分に授業改善に生かされていない。巷では、文科省への「アリバイ作り」だと失笑を買っている。

　カナダの大学では「学生による授業評価」を全面的に廃止した。そして、代替案としてアメリカ版「NSSE（National Survey for Student Engagement、学生エンゲージメント全国調査）」を実施することにしてクイーンズ大学に本拠地が置かれている。驚くことに、NSSE 全国調査は州の教育費配分の基準となっている。

なぜ、日本には NSSE 全国調査のようなものが存在しないのか

　アカウンタビリティの観点から、日本でも NSSE 全国調査のようなものが必要である。NSSE 全国調査の詳細については質問項目も含めて、拙著『ポートフォリオが日本の大学を変える―ティーチング / ラーニング / アカデミック・ポートフォリオの活用』(東信堂、2011 年) を参照。これはアメリカの全国調査であるにもかかわらず、カナダ州政府が採用するというのも注目すべきことで、より客観的なデータが得られると考えるからであろう。

　NSSE 全国調査は、日本の授業アンケートとは異なり、学生の学習活動全体に焦点を合わせるので、教員や授業に限定されるだけでなく、教室内外学習活動の実態調査という点で特徴がある。とくに、単位制による教室外学習時間の確保にも役立っている。

　カナダの成功例や日本における「学生による授業評価」の形骸化、さらには、最近はアジアやオーストラリアへの NSSE 全国調査の普及を考えれば、日本での本格的な導入も検討するべきである。そのためには、文科省の協力が不可欠である。文科省が全国調査をやることが難しいのであれば、独立した公的な調査機関を設置してはどうだろうか。NSSE 全国調査の本拠地はインディアナ大学にあるが、これは独立した機関で、インディアナ大学とは関係がない。

　NSSE 全国調査は、日本の大学関係者に歓迎されないのではと危惧され

る。それは調査方法に原因がある。調査を希望する大学は、全学生データを
NSSE 全国調査に登録する。NSSE 全国調査がデータを管理してランダムに
アンケート調査を直接に実施する。したがって、大学側は関与ができないの
で、どのような調査結果が出るか不安である。これが本来の調査のあり方で
あるが、私立大学の場合、調査結果が入学希望者に影響するのではと躊躇す
ることも考えられる。

　しかし、これは形骸化した「学生による授業評価」の回生にもつながる。
NSSE 全国調査に対する「拒絶反応」は、それが大学や教員に対する「評価」
につながると誤解していることも起因している。NSSE 全国調査は、学生の
学習行動調査の一環で、大学の「ランキング」や教員には直接に関係しない。
NSSE 全国調査高校版もあり、志望する大学の学習環境を知る目安として、
キャンパスツアーのときの「ガイドブック」の役割をする。

　NSSE 全国調査は、1年次と4年次に実施される。これは、アメリカが初
年次教育を重視している証である。アメリカの大学では、「退学率」が大学
経営の「致命傷」になりかねない。また、大学の知名度にも影響する。退学
率は、日本とはけた違いに高い。したがって、1年次に多くの退学者がでな
いように、最大限の努力が払われる。たとえば、「碩学」と呼ばれる著名教
授を初年次教育担当に配属するなどがそうである。これを裏づけるかのよう
に、NSSE 全国調査初代会長 George D. Kuh は、初年次教育が重要である理
由として、1年次と同じ調査結果が4年次でも見られることをあげている。

おわりに

　新型コロナウイルス・パンデミックの混沌とした状況のなかで、大学は学
生にどのような教育支援ができるだろうか。いま、それが現実的となってい
る。2020 年度入学した新入生のなかには、オンライン授業のみで、実際に
キャンパスに足を踏み入れ、対面授業や他の学生との交流もままならないも
のもいる。それでも、同じように授業料を納付する。いま、学生に対して「満
足度調査」を実施したら、「想定外」の悪い結果がでる恐れがある。いま、で
きることは何か。それは学生の立場に立った教育支援である。喫緊の課題は、

困窮する学生の授業料納付の負担をいかに減免するかであろう。

　4 年制大学の在籍期間は「8 年間」の猶予がある。すなわち、8 年間の在籍が許され、その間に単位を取得すれば卒業できる。しかし、日本の大学の授業料は単位ごとではなく、年間で支払われるので、8 年間在籍することは誰も望まない。

　アメリカの大学のように、授業料を単位ごとに支払う制度にして、新型コロナウイルス対策を講ずるべきである。単位数にかかわらず、同じ授業料を支払うのは理解に苦しむ。その結果、何を学ぶか目的も曖昧のまま、科目数を取り過ぎる傾向がある。「ジプシー（移動型民族）」と呼ばれる現象のように、どの授業でも良いから「楽勝科目」で単位が取れるところを渡り歩く様を比喩したものである。単位は学習量で算定されるのであるから、授業料もそうすべきである。現に、科目等履修生は科目ごとに授業料を納付している。

　新型コロナウイルスの影響下での経済状況や学生の困窮状態を鑑みて、「授業料の納付分割」を大学関係者は真剣に考えるべきである。そして、オンライン授業がニューノーマルとなる時代では、大学卒業を 4 年に限定する意味はない。最大限 8 年間の在籍期間を有効に使った学びの場にしてはどうであろうか。授業を履修しない学生には学生証明書の発行や図書館の利用のために「登録費」だけで済ませるように配慮すべきである。新型コロナウイルスは、大学側がこれまで怠ってきた対応を「学生目線」から改善する稀有な機会である。

3章　学修成果の可視化とラーニング・ポートフォリオの効果

I　教室外学修時間で測定する単位制の「限界」とラーニング・ポートフォリオ

論考5）単位制を再考する
──eラーニングによる学修時間をどう確保するか

はじめに

　新型コロナウイルス感染で世界は危機に瀕している。想像を絶する影響が社会の隅々まで浸透している。多くの大学が卒業式や入学式を中止、授業開始をゴールデンウイーク後まで延期している。さらに、対面授業に替わってeラーニングによる授業をはじめた。長年、対面授業に慣れた教員や学生の戸惑いは計り知れないものがある。

　この危機的な状況に直面して、筆者は大学の単位制が崩壊するのではないかと危惧している。なぜなら、戦後日本の大学はアメリカをモデルに単位制を導入したが、その道程は決して順風満帆ではなかったからである。単位制については、1949年の新制大学発足時の「ボタンのかけ違え」が形骸化を後押しした。戦前は「単位制」という考えはなく、「学年制」であった。これまでも単位制の形骸化が危惧され、学修時間の確保が俎上に上がり対策も講じられた。しかし、単位制の本質が理解されないところに、いくら学修時間の確保が重要であると警鐘を鳴らしても「焼け石に水」である。ここでは「学修時間」であって「学習時間」ではない。多くの関係者は、文部科学省が「学修」という用語を使った途端に右へ倣いとばかりに一斉に使いはじめた。「学修」という言葉は、1949年に新制大学で単位制が導入されたときまで遡る（単位

制に関しては、拙著『戦後日本の高等教育改革政策―「教養教育」の構築』(玉川大学
出版部、2006 年を参照)。大学関係者の多くは、学修と学習の違いを峻別する
ことなく、曖昧に使用している。

単位制の歴史

　単位制は、ハーバード大学で選択制が導入されたことに端を発した。エリ
オット総長は 1869 年の就任演説の中で必修科目制を廃し、自由選択制を導
入した。アメリカの単位制は大学の存続に関わるもので、学生の学びを活性
化した。単位制が機能しているから転学や留学がスムーズにできたのである。
　新制大学が発足した当時、学年制の温床から抜け出せない関係者は、選択
制よりも必修制カリキュラムに重点を置いた。大学教育は歴史的には選択制
である。それが学生の主体的学びを促すことにつながる。当初から、日米に
は単位制の考えに齟齬があった。1948 年の文部省編『日本における高等教育の
再編成』「学科目ト授業時間ノ組合セヲ示ス」の時間割には、1 時間の授業の
後、1 時間の予習・復習の時間が設けられた。これが当時の「教室外学修」の
考えであった。学年制の影響から、このような「ゆとり」の時間割が存続さ
れる由もなく、「穴だらけの」時間割と揶揄され、詰込みの時間割に戻され
た経緯がある。筆者も単位制の形骸化を論じてきた。とくに、1995 年ジョン・
タグ教授らの「学習パラダイムへの転換」を機に、学習者中心の学びが注目
され、学びの形態もおのずと変化するものと期待されたが、そうならなかっ
た。学修時間の確保のためにアクティブラーニングが推奨された。しかし、
文部科学省の期待とは裏腹に十分な効果をあげることができなかった。それ
は、文科省がアクティブラーニングの本質を見誤ったからである。周知のよ
うに、文科省は「アクティブ・ラーニング」と綴りに・を入れている。これは、
アクティブラーニングを教室内の学びに限定している証である。子どもの学
びは、教室内に限定されるものではない。どこにいても学びは存在する。今
回の新型コロナウイルス感染でいみじくもそれが露呈した形となった。子ど
もたちは学校外の学びを探せず路頭に迷っている。

写真：筆者（左）、ディ・フィンク（中央）、ジョン・タグ（右）（主体的学び研究所にて、
2018 年 6 月 15 日撮影）

教室外学修時間と成績評価

　1 単位とは、1 時間の教室内授業に対して 2 時間の教室外学修（予習・復習）
を 15 週行う 45 時間と規定されている。すなわち、講義の 2 倍の時間が教室
外学修に課せられている。教室外学修をどのように成績評価に反映させるか、
教員にとっては頭痛の種である。大学の教員は授業で教えた内容を試験して
成績評価をつける。ディ・フィンク博士は、これを「後ろ向き評価」と呼ん
でいる。学生が教室外学修で何を学んだかは「前向き評価」となり、評価が
多岐にわたるところから、客観性が失われると遠ざける傾向がある。学生の
側からすれば、学んだことを再び試験が課せられ、成績評価がつけられても
次につながらないと不満が出るのも当然である。学びとは教員の教えたこと
を「真似る」ことではない。それでは自立的・自律的学習者は育たない。学
生は教員が何を評価するかを熟知しているので、教室外学修の重要性を喚起

しても「笛吹けども踊らず」である。

　帝京大学の一般教養教育で2単位の授業を4単位に「格上げ」する実験を試み、教室外学修時間の実態を検証したことがある。当然、学修時間を確保するために、学生の教室外学修時間は大幅に増え、「反転授業」も導入した。1科目で4単位が取得できるので履修者が殺到すると目論んだが、意に反して履修者はわずか二人で実験は失敗に終わった。実験から明らかになったことは、学生の関心が「楽勝科目」にあったことである。学生は、1科目4単位の「反転授業」などの負担の大きい科目を履修するよりも、2科目の講義による楽勝科目を取る方を選択した。これは、単位制の根幹である教室外学修時間の確保がいかに難しいかを裏づけるものとなった。

ミニットペーパー・ポートフォリオとコンセプトマップ

　筆者は、長年、学生にラーニング・ポートフォリオ（学習ポートフォリオ）を課して、成績評価方法の一つにしている。最近の学生は受験の影響もあって、小論文（レポート）の書き方には慣れている。なぜなら、最初から課題が与えられるので書きやすいからである。レポートとラーニング・ポートフォリオは違う。後者は、学んだことを自ら振り返って「つなぐ」ことである。学生はノートを取ることが苦手で、後になって何を学んだか覚えていない。そこで、「ミニットペーパー・ポートフォリオ」を紹介したい。これは筆者の造語である。ラーニング・ポートフォリオの世界的権威者ジョン・ズビザレタ教授と対談したときに議論したものである。筆者のアイデアが称賛されたことを覚えている（詳細は、拙著『社会で通用する持続可能なアクティブラーニング―ICEモデルが大学と社会をつなぐ―』（東信堂、2017年、127頁を参照）。これは多くの教員が講義の最後の数分を使って、学生に質問などをミニットペーパーに書かせるものを応用したものである。筆者は、ミニットペーパーの替わりにコンセプトマップを描かせる。これは、ラーニング・ポートフォリオをまとめるときのエビデンスになる。コンセプトマップとは概念をつなげたもので、振り返ることでイメージが膨らみ、ラーニング・ポートフォリオの記述を豊かにする。全15回のミニットペーパー・ポートフォリオを一緒に

して、「はじめに」と「おわりに」の項目を追加すれば、独自のコンセプトマップ入りポートフォリオができる。

おわりに　ICE モデルの提言

　なぜ、コンセプトマップが e ラーニングの授業において有効なアプローチといえるのか、それは学修時間の確保ができるからである。個人差はあるが、コンセプトマップを仕上るのに約 1 時間〜 2 時間の学修時間を要する。このアプローチは講義の延長ではあるが、自立的・自律的学習につながり、主体的学びを促すことになる。新型コロナウイルス感染の危機的な状況をポジティブに捉え、新たにミニットペーパー・ポートフォリオやコンセプトマップを学ぶことで、終息後に自分流の学び方を学ぶことにつながる。

　筆者は、ICE モデル（原書では ICE アプローチとなっている）がこの危機的状況を乗り越える叡智を授けるものと考えている。すなわち、I のアイデアが e ラーニングでの学び、C のコネクションがその学びをコンセプトマップ化する。コネクションもコンセプトマップも C ではじまる。そして、E のエクステンションが C のコンセプトマップをラーニング・ポートフォリオに発展させる。ICE モデルは、I、C、E が別々に存在するのではなく、一体化しているところに特徴がある。すなわち、教室内授業と教室外学修を区別するのではなく、1 単位を 45 時間とトータルに捉えることで、e ラーニングによる学修時間の確保の道筋が見えてくるのではないかと考える。

　ICE モデルの著書のタイトルは、『「主体的学び」につなげる評価と学習方法—カナダで実践される ICE モデル』（東信堂、2013 年）である。その特徴は、「評価」と「学習方法」が一体化しているところにある。これまで評価は教員が、学習は学生がというように別々なものと考えてきた。ICE モデルには、ICE ルーブリックという評価ツールが内在している。その結果、評価のみならず、指導としてのツールの機能も有している。具体的には、ICE の 3 マジックワードは、教員と学生の共通の「媒介」のはたらきをする。教員は、学生が ICE のどの領域にいるかいつでも確認できる。たとえば、I、C、E のどこで躓いているか、あるいはどこが優れているかを瞬時に判断できる。

　最後に、オンライン授業は対面と違って、学生の顔が見えにくいところがある。そのため、講義に熱中しやすい。肝に銘じたいことは、eラーニングであって、eティーチングではないということである。

論考6) ラーニング・ポートフォリオ活用授業〈上〉

　学習者中心の大学づくりの実践として、「ラーニング・ポートフォリオ」を用いた授業の設計が注目されている。弘前大学21世紀教育センター高等教育研究開発室の土持ゲーリー法一教授は、「単位制度の実質化」には、能動的学習にもとづくラーニング・ポートフォリオ(学習実践記録)作成が効果的であり、これらは学習成果をどのように応用して、次に繋げるかに重きが置かれているので、成績評価も従来とは異なる評価方法を用いることになる、と述べる。土持教授のユニークな取組について寄稿してもらった。

　2009年7月、京都大学で『大学生研究フォーラム2009』が開催され、「大学生の何が成長しているか、その中身を考える」と題して重要な問題が提起された。これは中央教育審議会『学士課程教育の構築に向けて(答申)』(2008年12月24日)において(教員が)「何を教えるか」よりも、(学生が)「何ができるようになるか」を重視する視点とも共通するもので、現在の大学教育改善の重要な課題となっている。

　学生に「何が育っていて、何が育っていないのか」は、「単位制度の実質化」とも密接に関わる問題である。戦後日本の大学は、アメリカの大学をモデルに単位制度を採用した。すなわち、1時間の講義に対して2時間の教室外学習を合わせた3時間で1単位と規定されている。しかし、現状を見れば、講義のみで単位が与えられている。換言すれば、教室内授業による「知識」は育っているが、教室外学習が不十分なため、深い学びである「理解」にまで到達していない。

　同『答申』では、第2章「学士課程教育における方針の明確化」第2節「教育課程編成・実施の方針について—学生が本気で学び、社会で通用する力を身に付けるよう、きめ細かな指導と厳格な成績評価を—」が必要であるとして、

国際的に通用する授業シラバスの留意点として、「準備学習の内容を具体的に指示すること」「成績評価の方法・基準を明示すること」などをあげている。

これは授業形態の抜本的な見直しを促すもので、「一方的に知識・技能を教え込むのではなく、豊かな人間性や課題探求能力等の育成に配慮した教育課程を編成・実施する」ことを求めている。原因の一つに、授業シラバスと単位制度が連携していないことがあげられる。たとえば、授業シラバスに、2／3の教室外学習にあたる「準備学習等についての具体的な指示」を盛り込んでいる大学は約半数に過ぎず、学生が必要な準備学習等を行ったり、教員がこれを前提とした授業を実施したりする環境にないと同『答申』は批判的に分析している。

筆者の授業では、2／3の教室外学習時間を1／3の講義に繋げるための授業を実践し、学生にラーニング・ポートフォリオを書かせている。筆者の授業実践を図式で示せば、以下の**図3-1**「評価方法と分類目標との関係」からも、

方法	知識 想起(知識)	解釈(理解)	問題解決	技能	態度	測定範囲
論述試験(ペーパーテスト)	I	II	III			I
口頭試験	I	II	III			I
客観試験	III	III	I			III
Simulation Test						
筆記型	I	II	III			I
模擬患者・模擬来談者モデル			I	II	III	I
コンピューター	III	III	III			II
実施試験			I	III	II	I
観察記録			I	III	III	II
レポート	I	II	III		II	I
(ラーニング)ポートフォリオ	I	II	II	I	I	II

Grading: －＜＝＜Ⅰ＜Ⅱ＜Ⅲ　　　狭Ⅰ＜広Ⅲ

図3-1　評価方法と分類目標との関係

出典：「第11回北海道大学教育ワークショップ：単位の実質化を目指して」(71頁)

ポートフォリオが四つのすべてを網羅し、測定範囲も広範であることがわかる。

　授業では、可動式机と椅子を備えた教室でグループ活動を中心とする授業形態を取り、学生によるグループ活動を促すためにウェブ版シラバスとは別に、履修学生のために約19頁の授業シラバスを作成して配布している。筆者は、シラバスを授業のシミュレーションであると位置づけ、準備学習から各単元の到達目標まで明確にして、教員がいなくても「自学自習」できるように配慮している。

　学生は、授業前に指定された図書を読んで、「指定図書課題・講義フィードバック」(用紙)にまとめ、図書館カウンターで「図書印」を押して授業に臨む。すなわち、「ソクラテス・メソッド」にもとづき、「予習しないで授業を受けてはならない」を原則している。準備学習は、予習・復習のためだけであってはならない。授業内容と密接に繋がっている必要がある。たとえば、指定図書課題(2問)は、授業への導入のための「スクラッチ・クイズ」に活用され、「遊び」から授業がはじまり、自然にグループ討論に入り、指定図書課題を討議して意見をまとめて、他のグループと議論しながら理解を深め、同時にコミュニケーション能力も高めるようになっている。グループ討論での意見などは、翌週の「指定図書課題・講義フィードバック」にまとめさせることで、授業を「省察(振り返る)」させる時間を与え、自分の言葉にパラフレーズして書くように指導している。なぜなら、学生がまとめる「指定図書課題・講義フィードバック」は、ラーニング・ポートフォリオのファイルに綴じられ、15回の学習過程をラーニング・ポートフォリオとしてまとめる一連の作業に連なっているからである。

(つづく)

論考7)　ラーニング・ポートフォリオ活用授業〈下〉

　ラーニング・ポートフォリオとは、図表①「ラーニング・ポートフォリオモデル」(省略)のように、省察＋証拠資料＋共同作業＝学習の一連の作業をわかりやすく文章化したものである。証拠資料とは、筆者の授業では「指定

図書課題・講義フィードバック」のことで、共同作業とはグループ活動のことである。このグループ活動がメンタリングのはたらきをする。

　授業での具体的なラーニング・ポートフォリオの課題を図表②（省略）に紹介する。

　以下は、ラーニング・ポートフォリオ課題である。学生には省察的な記述が求められている。

　さらに、図表③「ルーブリック」（省略）のようなルーブリックを作成して、ポートフォリオ課題と一緒に学生に渡す。「ルーブリック」は、学生のみならず、教員の評価指針としても役立つ。また、ラーニング・ポートフォリオの採点後、学生に返却するときに同じ「ルーブリック」にマークをつけて渡すことで、学生はどの点が評価されたかがわかり、今後の学習改善にも繋がる。

　次に、能動的学習を促す MIT 方式試験について紹介する。筆者の授業では、最後の一週間前に学生に単元ごとで試験問題（解答も含めて）を作成させて提出させる。それらを参考に最終試験問題を作る。

　これは、MIT（マサチューセッツ工科大学）が推奨する方式で学生を授業に能動的に関与させる狙いがある。学生は、試験問題を作成するために授業に集中し、考えながら授業を受けなければならない。学生から提出された試験問題の傾向を見るだけでも、学生がどのようなことに関心を持ち、授業を受けたかがわかる。

　学生は、試験問題の作成を通して授業内容をより深めることができる。期末試験は、学習過程を評価する一つの方法であるから、学生が授業で何を学び、何に興味をもったかを学生から提出された試験問題で知ることができ、教員の授業改善にも繋がる効果がある。

　学生は、学習過程を省察しながらラーニング・ポートフォリオをまとめることになるが、もし、15 回の授業をうまく繋げることができれば、さらに深い学習に結びつけられる。

　2009 年度からは、学生がポートフォリオを書く前に、たとえば、**図 3–2** のような「コンセプトマップ」を作成させることで、効果的なラーニング・ポートフォリオの作成に繋げている。これは教員にも、学生が授業全体をどのよ

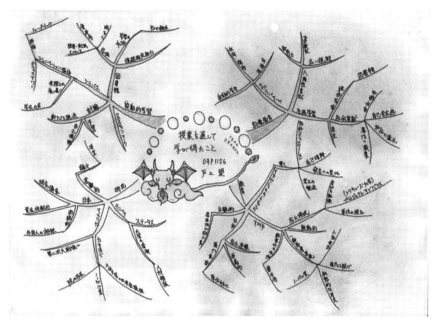

図 3-2　コンセプトマップ（学生作成）

出典：戸上望　教育学部学校教育教員養成課程 1 年

うに理解したかの指標として役立つ。

　学生から提出されたラーニング・ポートフォリオの内容をすべて紹介できないのが残念であるが、少しだけ事例を紹介する。〈実際の「ラーニング・ポートフォリオ」の一部〉

　たとえば、「学習過程の省察」に対して、「課題図書を読む、仲間と討論する、ほかのグループの意見を聞く、先生からの内容について詳しく説明をもらう、授業が終わった後でその回を振り返る、…という様々な過程を経て学んでいた。それぞれの過程において、とても充実した学びの時間を過ごせていたと思う。だがこの中で最も学んでいたと感じた状態は、やはり討論の場において互いに意見をぶつけ合うことだった」（教育学部学校教育教員養成課程一年女子学生）

　あるいは「いつ、学ぶことができたかと言えば、この授業に関する学習を行っている時間すべてにおいてである。なぜなら、自ら疑問を持ちながら、

文献を調べ、討論をすることがとても楽しいからである。自学自習する力の大切さに気付いたとか、教師になって授業するときに参考になるといったことももちろんあるが、なによりもこの授業では、楽しみながら学習することができ、とても満足している」(教育学部学校教育教員養成課程一年男子学生)というものがあった。

　最後に、2009年11月に、ラーニング・ポートフォリオの世界的権威者であるアメリカのジョン・ズビザレタ教授(コロンビア・カレッジ)を教室に招いて日米大学生の比較やラーニング・ポートフォリオについて学生と一緒に語り合ったことは大きな収穫であった。

　(備考：ラーニング・ポートフォリオの詳細については、拙著『ラーニング・ポートフォリオ―学習改善の秘訣』(東信堂、2009年)を参照)

4章　アクティブラーニングと反転授業

I　アクティブラーニングの現状と課題

論考 8）アクティブラーニングの現状と課題

はじめに

　2019 年 9 月、カナダのクイーンズ大学を訪問した。この大学のアクティブラーニング・ルームはアクティブラーニング・スペースとも呼ばれている。また、ICE モデル開発者の一人、スー・ヤング博士がセンター長を務める教育・学習センターもある。アクティブラーニングと ICE モデルには密接なつながりがあり、アクティブラーニングを実践するうえで効果的である。

　本稿は、ICE モデルを授業に活用しているジェームス・フレイザー（James M. Fraser, Associate Professor, Department of Physics, Engineering Physics & Astronomy）教授へのインタビューを通して、カナダにおける最近の大学授業について話を伺い、日本におけるアクティブラーニングの現状と課題について考えた。クイーンズ大学は、カナダを代表する大学の一つで、2015 年ノーベル物理学賞「ニュートリノが質量を持つことを示すニュートリノ振動の発見」で東京大学宇宙線研究所教授梶田隆章氏とクイーンズ大学名誉教授 A. B. マクドナルド（Arthur B. McDonald）氏が受賞したことでも知られる。

　フレイザー博士は、物理学教授でクイーンズ大学で 15 年間教えている。数年前にカナダのベストティーチャー賞と称される「3M National Teaching Fellowship」に選出された優れた教育者でもある。

写真：ジェームス・フレイザー教授（左）と筆者（右）（彼の研究室にて、2019 年 9 月 17 日）

ICE モデルの活用

　彼は、クイーンズ大学 CTL（教育・学習センター）における研修でブルームのタクソノミーとは違う、ICE アプローチについて学んだ。ICE とは、I（アイデア）、C（コネクション）、E（エクステンション）の頭文字からなる（詳細は、「アクティブラーニングの効果―ICE モデルの活用」『教育学術新聞』2622 号（2015 年 10 月 21 日）を参照）。彼によれば、ブルームのタクソノミーは複雑であるに対して、ICE モデルは簡潔さが魅力的であると話している。授業は 1 年次から 4 年次の学生を教えているが、物理学専攻の学生は I（アイデア）だけの学びには満足せず、コネクション（C）に関心がある。なぜなら、コネクション（関連づけ）を学ばなければ、応用につながらないと考えているからである。ICE モデルはコネクションが最も重要であると話してくれた。

　授業のはじめに ICE について説明するので、ICE の学びに対する準備ができている。それでも二つの質問をすると、最初の問いは容易に答えられるが、二つ目の質問については混乱する。なぜなら、最初の質問は I（アイデア）に

関したものであるが、二つ目の質問はコネクションに関したもので、それが
混乱 (Confusing) の原因になっているという。同じ C でも Confusing の C だと
苦笑した。C が難しくて混乱するのは良い兆候であると話してくれた。E に
ついては、それが E であることを学生に伝えない。なぜなら、多くの場合、オー
プンエンドの答えが多く、決まった解答がないので、学習者に自ら学ぶよう
にさせているという。

アクティブラーニングと「フリーライダー」

　アクティブラーニングを積極的に進める教員の頭痛の種が「フリーライ
ダー」と呼ばれる「タダ乗り」の存在で、これにどのように対処するか共通の
悩みを語り合った。この質問に対して、チャレンジングであるとしながらも
対処法を共有してくれた。2010 年、サバティカル休暇を利用してハーバー
ド大学エリック・マズール教授のもとで、ペア・インストラクションについ
て 1 年間学生同士で解答を考えさせる技法を学んだと話してくれた。印象的
だったのは、同僚の授業参観が自由にできたことで、クイーンズ大学では考
えられないことであると振り返った。アクティブラーニングにおけるグルー
プ活動は、学生に学びの責任を持たせることが基本であるとの考えであった。
　授業では、教室外学習を教室で繰り返さないことが重要である。教員が繰
り返すことがわかれば、学生は怠けてやらなくなる。これは反転授業の事前
学習でも同じである。授業で同じことを繰り返すことは時間の無駄である。
学生には、授業では繰り返さないことを周知している。事前学習は事前の教
材を読むだけではない。わからないことを教室で議論する準備をさせるとこ
ろであることを認識させる。
　「フリーライダー」の問題は、「モチベーション (動機づけ)」とも深い関わり
がある。正解を探す問題ではなく、自分の意見が正しいことを主張できるよ
うにする。そうすればできる学生とそうでない学生の温度差もなくなる。フ
リーライダーが存在するのは、授業で正解を競わせるからである。「フリー
ライダー」の防御策は、正解を議論させるのではなく、自分の考えを主張さ
せるようにすることである。もう一つ効果的な対策は、グループ作りに配慮

することである。たとえば、バックグラウンドの異なる多様な学生によるグループ分けが望ましい。これから社会に出たら、異質 (Heterogeneous) なバックグラウンドの人とのコミュニケーションが求められる。

学習プロセスを重視した「のびしろ」アセスメント

　学生の「のびしろ」にウエイトを置くことも「フリーライダー」の「出没」を防ぐことにつながる。成績の向上だけがすべてではないことを理解させるために、学習プロセスに重点を置くようにしている。これは教員の授業戦略に関わる。すなわち、教え方が効果的であったかどうかの判断材料になる。学生には学びのプロセスを学ばせるように心がけている。これは、ICE モデルの I から C へ、さらに E への展開につながる。

　多くの学生は、「学び方を学ぶ」あるいは「どのように学ぶか」を知らない。それは、学生がこれまで何を学ぶかにばかり重点を置いてきたからである。大学でも I 領域のところに重点が置かれ、つながりや関連づけの C 領域が希薄であった。

　授業での ICE モデルの到達レベルは「C」であり、それが最も重要と考えていると話してくれた。「フリーライダー」の対策として、学生の「貢献度」を評価するという方法もある。貢献度には個人差があるが、「貢献」するという意味ではみな同じである。もちろん、「貢献度」の低い学生も出るが、「貢献度」の低い学生には最終試験を課している。このことで貢献度がいかに重要であるかということを認識できる。すなわち、グループ活動において貢献度の高い学生は最終試験を「免除」される。これは学習のプロセスを重視している証である。グループ活動で貢献度の低い学生は自ら履修を辞退する。なぜなら、筆記試験を受けなければならないからである。「のびしろ」に関しては、ビフォアフターのテストの導入が不可欠である。

まとめ

　フレイザー教授とのインタビューを通して、日本におけるアクティブラーニングの現状と課題が見えてきた。たとえば、北米の大学では 1 時間の授業

を週3回（月・水・金）もしくは90分授業を週2回（火・木）行うのが一般的である。具体的には、月曜日に講義をして、水・金はグループ活動を行うという具合である。クイーンズ大学のアクティブラーニングがスペースと呼ばれているように、アクティブラーニングを講義室とは別の場所（スペース）で行っていて、参観した教室の学生が生き生きとグループ活動しているのが印象的であった。

　授業を週3回もしくは2回行うことはアメリカの4年制大学の単位制を導入するうえでの必須条件であった。にもかかわらず、それを拒んだのはほかでもない日本側であった。GHQ担当官のウォルターC・イールズは「教官の毎週受持時間数は旧制大学よりも多くしなければならない」と週あたりの授業回数を増やすことを提言したが拒否されたことが史実に残されている（詳細は、拙著『戦後日本の高等教育改革政策―「教養教育」の構築』（玉川大学出版部、2006年、217頁）を参照）。

Ⅱ　アクティブラーニングを促す反転授業とその意義

論考9）アクティブラーニングを促す反転授業──AO入学者に効果的

　2013年11月、政府の教育再生実行会議は大学入試改革に関する提言「達成度テスト（仮称）」をまとめた。この背景には、推薦・AO（アドミッション・オフィス）入試の増加で高校生の学習意欲が衰退し、学力低下が深刻化しているとの危惧がある。高校や大学関係者からも「選抜の公平性が保たれるか」といった反発もある。大学入試改革は過去にも議論された。入学者の学力低下や学習意欲の衰退に議論が集中し、どのように大学の授業を改善するかについては言及されていない。大学入試の小手先だけでは抜本的な改革にはつながらない。過去と比較して「学力低下」が問題にされるが、尺度が違えば別の評価もできる。推薦・AO入試の導入で学生の学力が多様化している現状を看過できないことは事実である。それにもかかわらず、旧態依然とした画一的な授業方法では学生の学習意欲が喪失するのは当然である。そもそも、

一般入試と AO 入試は性質の違うものである。AO 入試には知識だけではなく、総合力と多面的な評価ができるというメリットがあるはずである。AO 入試を一般入試と同じように扱うから学力低下などの批判につながる。アメリカの大学は AO 入試で入学者を決める。AO はアドミッション・オフィスの略で、アメリカの大学では入学者選定に半年から 1 年の期間をかけて高校生の多様な資質を選ぶ専門職からなるオフィスである。それほど入学者の選定には時間と労力のかかる重要な業務である。AO 入学者の多様な学力を引き出すには、アクティブラーニングが効果的である。今後は、各大学がこれにどのように対応できるかが問われる。

　2008 年に大学設置基準を改正して大学に FD を義務づけ、教員の教育力の向上を目指したが、成果は得られなかった。それは、各大学に FD を推進する専門職のファカルティ・ディベロッパーの人材が不足したからである。国は大学に FD の義務化を打ち出しながら、それを推進するファカルティ・ディベロッパーの養成を怠ったことが、教員の教育力向上の低下を招いた。今年もファカルティ・ディベロプメント（FD）に関する最大規模の POD ネットワーク年次大会が、2013 年 11 月 6 日～ 10 日までピッツバーグ市のオムニ・ウィリアム・ペン・ホテルで開催された。参加者は総勢 743 名であったが、日本からは 6 名であった。2008 年の FD 義務化の直後は 50 名以上の参加者があったことから考えれば激減している。これは、文科省からの補助金がなくなったことに起因している。これで日本の大学における FD 活動は大丈夫なのかと危惧せずにはいられない。

　日本でも「パラダイム転換」の動きが目立ち、大学教育は変革期に直面して混沌としている。中教審答申が提言するようなアクティブラーニングを促進しようとすれば、従来の授業改善とは異なったアプローチが必要になる。なぜなら、学生を能動的にさせなければならないからである。フィンク博士によれば、アメリカでは、1970 年代から 1980 年代にかけてファカルティ・ディベロップメントが盛んになった。さらに、アクティブラーニングも 1991 年頃から注目された。1990 年以降になると「パラダイム転換」の現象が起こりはじめた。すなわち、パラダイム転換とアクティブラーニングが一緒になり、

教育と学習を改善する新しい動きが出てきた。その結果、ハイブリッド学習やブレンディッド学習という新しい学習方法も生まれた。伝統的な授業では、教員と学生が同じ教室で学んだが、教室をもたないオンライン授業も生まれた。その両方をミックスしたのがハイブリッドあるいはブレンディッド学習である。最近は、反転授業（フリップトクラスルーム）という言葉も聞かれる。反転授業について、フィンク博士は図表を用いて、教室内授業と教室外学習とに分けて説明している。伝統的な授業では講義を行い、学生は読書をしたり、宿題や問題を解いたりして試験を受ける。多くの教員は、このような教育方法に満足していない。なぜなら、教員は、教室で内容を伝えるだけで多くの時間を費やし、討論や演習（アクティブラーニング）ができないからである。このような状況を改善しようとして生まれたのが反転授業である。学生が事前学修をしたことを前提に教室内授業が行われる。すなわち、教室内では授業をすることが目的ではなく、フィードバックが中心になる。このように教室内と教室外を反転させることから反転授業と呼ばれる。これは、学生にも教員にも能動性を促すので効率的であるとフィンク博士は述べている。アメリカでは、反転授業をチーム・ベースド・ラーニング（TBL）として導入することで、アクティブラーニングを活性化させている。TBLの特徴は、授業の初めのチーム編成が重要になる。編成は学生にさせるのではなく、教員が周到に計画して準備する。反転授業はアクティブラーニングを進めるうえで優れた方策であるが、これは学生が事前準備をしてこないと成立しない。したがって、学生が事前準備をしたかどうかを確かめる「準備確認試験（Readiness Assurance Test, RAT）」が不可欠となる。さらに、チーム内の個々の学生をどのように評価するかという問題もある。アクティブラーニングや反転授業を最適なものにするには、教員と学生双方の意識改革が必要である。

　アクティブラーニングを推し進めるには、教員から学生へ、教育から学習への「パラダイム転換」が必要である。アクティブラーニングの鍵となるのが"Student Engagement"である。2012年度POD研究助成を受けたプロジェクトがポスターセッションで紹介された。"Student Engagement"は、大講義室ではできにくいと考える教員が少なくないが、教員がアクティブラーニン

グを促す具体的な行動を学生に取らせることで可能になるとの研究成果が紹介された。アメリカでは、"Student Engagement"を尺度に大学を評価するNational Survey of Student Engagement（NSSE）が急速に拡大し、カナダ版も作成され、その結果が他大学と比較され、予算配分の基礎材料として使われている。

前述のPODネットワーク年次大会のPlenary Sessionでは、Adrianne Kezar, University of South California, "The Risks and Rewards of Becoming a Campus Change Agent"と題する講演があった。タイトルからも明らかなように、ファカルティ・ディベロッパーは、教員と学生の中間に位置する"Change Agent"の役割をする。帝京大学高等教育開発センター（CTL）でも"Student Engagement"の重要性を認識し、SCOT（Students Consulting on Teaching）を導入している。これは学生視点で授業を改善するというもので、「学生による授業コンサルティング」と呼ばれる。同センターでは、SCOTを「パラダイム転換」の"Change Agent"と位置づけている。最近は、学内での認知度も深まり、多くの教員からSCOTへの依頼が増えている。SCOTの詳細については、同センターHPを参照。現在、CTLでは、"Promotion of Student Engagement"のスローガンを掲げ、これを"POSE"と呼んで促進している。

論考 10）反転授業の意義——「学びの転換」を促す帝京大学の新たな試み

2012年の経済協力開発機構（OECD）学習到達度調査（PISA）で教育先進国フィンランドが順位を下げたニュースに驚いた。『朝日新聞』（デジタル版）（2013年12月19日付）は「『教える』から『学ぶ』に―フィンランドの対策は？」と題して、同国教育政策担当者フィンランド国家教育委員会アウリス・ピトゥカラ委員長のインタビューを掲載した。同委員長は、PISAで順位を下げた原因および反省点を、「子どもの忍耐力、集中力、やる気がなくなってきている。すぐに結果の分かる、スマートフォンなどの情報端末の普及が一因ではないか。一方で、こうした情報通信技術（ICT）の導入に先生は否定的なことが多い。これだけ広がったICTを排除するのではなく、学びの場でよりよく使う方

法を考えるべきだ」と、子どもたちの主体的な学びを促す ICT の活用が不可欠との認識を示した。そして、今後の対策として「『先生が教える』から、『生徒が学ぶ』という文化に変えることだ。そういう観点で、小中高校のカリキュラムを変更する。教育でのより良い ICT の活用も盛り込む。大学の教員養成の方法も新しくする」とパラダイム転換と ICT の活用の重要性を示唆した。この指摘は日本の小中高校、大学教育にも共通する。

　大学の一斉授業は、学生間の学力差を助長し、教育の質の低下につながっている。教壇に立てば経験することであるが、一般入試学生、AO や推薦入試学生が混在するなかで、どの学生に焦点を合わせたら良いか迷う。標準レベルを対象にすれば、できる学生は不満が募り、低いレベルの学生は授業について行けず、ストレスがたまる。まさしく、一斉授業の構造的欠陥である。

　アメリカでは、フリップトクラスルームは初等・中等学校が中心であったが、最近は大学でも注目されている。2012 年のアメリカの POD ネットワークの年次大会でも大きな話題となった。これが、アメリカの大学教育にどれだけ影響を及ぼしているかを示すデータがある。アメリカの Sonic Foundry 社「反転授業に関する採用調査結果」(Center for Digital Education, 2013) によれば、調査に回答した 56％がフリップトクラスルーム・モデルを使用しているか、使用したいと回答し、その理由を教員や学生に有益であると回答している。また、57％の教員は、フリップトクラスルームが成功していると回答している。使用した教員のインタビューによれば、「フリップトクラスルームをはじめたことで、学生がより授業を楽しみ、成績も伸び、多くの知識を修得し、より積極的に関与している」と回答している。83％の教員は、フリップトクラスルーム・モデルを使用したことで、教員の授業に対する態度が明確に変化したことに強く同意あるいは同意すると回答している。86％の教員は、フリップトクラスルーム・モデルを使用したことで、学生の学習に対する態度が明確に変化したことに強く同意あるいは同意すると回答している。約60％の教員がクラスでのコミュニケーション、討論およびグループ学習がきわめて有意義であると回答している。

　なぜ、フリップトクラスルームが急速に普及したのだろうか。講義を聞く

だけでは、どれだけ学生が理解したかがわからず、課題に直面してはじめて気づくからである。学生の能力には個人差があり、一度聞いただけでは理解できないものもいる。授業が収録されていれば、理解できるまで何度でも繰り返し視聴できる。教室内では、教員が授業をするのではなく、学生が事前に学んだこと前提に、応用や議論につなげることができる。フリップトクラスルームでは復習ではなく「応用」に重点を置く。すなわち、これまで授業で教えた基本的な知識は、学生が事前に学ぶことになるので教員の役割がファシリテータやメンターの機能をもつ。

　帝京大学八王子キャンパスでは、新しい「帝京学」のオムニバス授業を映像に収録したものを、今年のAO・推薦合格者を対象にフリップトクラスルームを実施した。約160名の申込者があったが、彼らには何の強制もなく、補習授業的なものでも、単位が授与されるものでもなく、まったく参加が自由であった。参加高校生は、学食で昼食を共にしながら2コマの授業に参加して体験学習をした。以下に参加者のアンケートの中からいくつかを紹介する。

　「大学での学び方がわかり、これからどう学習すればいいのかを知れたので良かった」（女子）「自分の意見だけでなく、違う視点の意見を聞いて、新しい発見をすることが出来た」（男子）「ポートフォリオのことを調べたがあまり理解が出来ず、どうすれば良いか分かっていなかったが、今回のフリップトクラスルームのおかげでしっかり理解出来た上、濃い内容が書けそうだと思ったので役に立ったと思う」（女子）「実際に体験することで、すごく刺激になりました。家で動画を観ることの大切さもわかりました。ただ観るだけではなく、自分で理解を深めることが大切なんだとわかりました。」（女子）

　帝京大学のフリップトクラスルームは、単なる反転授業ではなく、それがチーム・ベースド・ラーニングと連動することで、より効果的であった。たとえば、「家で一人勉強するよりも、みんなで話し合いながら勉強したほうが楽しかった。大学の授業を体験できてよかった」（女子）と回答しているように、チームでの学びが新鮮であったようで、「入学前で友達ができるかという不安もあったけど、このような機会が設けられ、たくさんの人と話すこともできてよかったし、生徒が主体となることで楽しく授業ができて良かっ

写真：高校生のフリップトクラスルームを手伝う SCOT 学生（帝京大学八王子キャン
　　　パス広報グループ提供）

た」（女子）と入学前の不安を払拭する効果もあった。

　この新たな取組みからも、日本でもパラダイム転換が起こり、教育から学
習へ、そして ICT 活用の時代へと変化していることを感じた。

論考 11）ラーニングスペースがアクティブラーニングを促す
──高大接続の有機的な取り組み

　2017 年 1 月 17 日 NHK 日曜討論「『18 歳選挙権』政治はどう変わるか」にゲ
スト出席した春香クリスティーン氏はスイスの学校の事例を取りあげながら、
日本の教育との比較を紹介した。日本の場合は、教員が最初に知識を授け、
板書されたものを書き写す授業が中心であるのに対して、スイスの学校では
資料が最初に配られ、それを読んで自らの意見を発表することが求められ
るとの趣旨を述べた。まさしく、「教育」と「エデュケーション」の考えの違
いである。文部科学省がアクティブラーニングの促進から加速にギアをチェ

ンジしたことでアクティブラーニングが活性化するのは間違いない。しかし、現状ではアクティブラーニングが最終目標かのように考えられている。これはあくまでも「ツール」に過ぎない。換言すれば、ツールをどのように活用するかは、教員の教授法や技量にかかっている。

アクティブラーニング・スペースを活用した授業方法として世界の大学から注目を浴びたカナダのクイーンズ大学エリスホールの責任者アンディ・レガー博士に、2014年12月13日、東京メディアサイト社でインタビューすることができた。彼によれば、アクティブラーニング・スペースを考えるには、ポジティブなイメージづくりが何よりも重要であるとのことである。すなわち、教育環境が重要ということである。とくに、日本のように伝統的な講義形式の授業形態からアクティブラーニング形態に移行するには、どのようなスペースにするかきわめて重要な課題であると助言している。アクティブラーニングと聞くと、すぐにICTを駆使した機器が備わっているというイメージがあるが、クイーンズ大学エリスホールのアクティブラーニング・スペースの小規模教室にはプロジェクターだけで、それ以外は何もない。このプロジェクターも収納することができ、教室は全側面がホワイトボードで囲まれる。「学生にとってアクティブラーニングとは、椅子から立ち上がり、ホワイトボードに歩いて行って板書することである」と彼は説明している。教室での学生の動きは静止しているのではなく、常に活動の連続でなければならない。学生同士で話し合ったり、ホワイトボードに書いたり、コンピュータで作業したり、多様な活動がアクティブラーニングを促すことにつながるのであって、双方向授業や討論などの活動だけに限定されない。教室は学生にとって自由に動き回れる「スペース（空間）」でなければならない。クイーンズ大学エリスホールがアクティブラーニング・ルームと呼ばないで、「アクティブラーニング・スペース」と呼んでいる意図はここにあると思われる。

アクティブラーニングではICTの活用もさることながら、学生が活動しやすい「スペース」作りがより重要である。何よりも、動きやすい広さのスペースが重要である。すなわち、狭いスペースではアクティブラーニングは難しくなる。要約すれば、「ホワイトボード」に教室のどこからでも簡単に行き

来ができ、動きやすい広さと雰囲気が備わっているということである。

　日本の大学の場合、教室は固定式机や椅子が多いので、すべてをすぐにアクティブラーニング・スペースに変更することは物理的に難しい。たとえ、そのような制約があったとしても、学生同士が相互に話し合うことができるというのがアクティブラーニングの基本である。

　帝京大学では 2016 年 1 月 9 日、今年で 3 年目を迎えた「入学準備教育（帝京学）」を新棟ソラティオスクエアで開催した。「帝京学」については、リクルート『カレッジマネジメント』（185 号、2014 年）、そして文部科学省を著者とする全国 42 大学の大学教育改革の特色ある 107 の取組として、『大学教育の質的転換に向けた実践ガイドブック』で広く全国に紹介された。

　入学準備教育とは、大学で開講されている「帝京学」15 回の授業収録を高校生に視聴してもらい、その中の授業の一つを反転授業にして高校生に八王子キャンパスに集まってもらい、午前と午後の 2 コマを使ってグループ活動や討論をしてもらうというものである。高校生ははじめての大学での講義、そしてはじめて会う高校生の仲間に午前中は緊張気味であったが、同じグループで一緒に昼食を取った後は、午前と同じグループなのかと思わせるほど打ち解けた雰囲気で活動した。今年から新棟ソラティオスクエア 3 階にアカデミックラウンジというスペースが学生のために開設されたので、ラウン

写真：巨大ホワイトボードを使って発表する高校生。帝京大学本部広報課提供

写真：冲永学長に質問する高校生。帝京大学本部広報課提供

ジの巨大ホワイトボード壁を使って高校生にテーマごとに発表してもらった。

　当日は冲永佳史学長の「帝京学」の講義を視聴して参加した高校生に混じって学長自らも参加するというアクティブラーニングの体験学習であった。また、学長に質問する高校生の真摯な姿が印象的であった。

　入学準備に励んでいる高校生が一堂に集まり、与えられたテーマについて互いに活発な議論を展開し、その結果をホワイトボードに書いて全体で共有する姿を目の当たりにして、これがアクティブラーニングの本来の姿ではないかとの印象をもった。

III　アクティブラーニングの効果と評価

論考12）ルーブリックが日本の大学を変える
**　　　　──ポートランド州立大学ダネール・スティーブンス教授の講演を中心に**

　ルーブリックは、1998 年に Walvoord, B. and Anderson, V. Effective Grading: A Tool for Learning and Assessment (Jossey-Bass) の著書が刊行され、学習成果をアセスメントする明確な基準が必要であるとして注目されはじめた。

　中央教育審議会も『学士課程教育の構築に向けて（答申）』(2008 年 12 月 24 日)において、各専攻分野を通じて培う「学士力」の考えを示し、4 分野 13 項目

の習得を求めた。4分野とは、知識・理解、汎用的技能、態度・志向性、そして「統合的な学習経験と創造的思考力」である。各大学に対し、授業ごとの到達目標や成績評価の基準を明確にし、学士力がどれだけ定着したか把握するよう要請した。このような学士力を測るには、ルーブリックが不可欠である。ルーブリックによる評価は、学生が何を学習するかを示す評価規準と、学生がどのレベルで学習到達しているかを示す評価基準をマトリクス形式で示した定性的な評価指標である。

　2012年3月14日、私学高等教育研究所では、米国ポートランド州立大学ダネール・スティーブンス教授を招聘して、Rubrics and Teaching Portfolios と題して公開研究会を開催した。スティーブンス教授は、ルーブリック研究の第一人者で、2005年の共著 Introduction to Rubrics : An Assessment Tool to Save Grading Time, Convey Effective Feedback and Promote Student Learning (Stylus Publishing) は、全米の高等教育関連図書のベストセラーとなり、近く、日本語にも翻訳される。著書によれば、ルーブリックは黒板の発明以来、教育者にとって最も便利なアセスメント・ツールの一つであると紹介され、教員の成績評価のための時間を節約し、効果的なフィードバックを導き、学生の学習を促進する評価方法である。最も基本的なことは、課題に明確な期待をもたせる採点ツールとして、さまざまな課題やタスクの評価に使用できる。たとえば、研究論文、本の批評、議論参加、実験報告、ポートフォリオ、グループ活動、口頭プレゼンテーションなどがあると紹介している。講演会では、「ルーブリックとは何か」、さらに「ルーブリックの作成手順」に関するミニワークショップを参加者と一緒に行った。また、ティーチング・フィロソフィー（授業哲学）に関するルーブリックの事例も紹介された。

　本稿では、講演会で配布されたポートランド州立大学の科目に関するルーブリックの事例から、実際に、授業でどのようにルーブリックが使用されているかを紹介する。さらに、出席者から出されたいくつかの質問に対するスティーブンス教授の回答を抜粋して紹介することで、今後の日本におけるルーブリックの活用に繋げることができればと考えている。

　⑴学生の課題を評価するとき、いつもルーブリックを使用できますか。

回答：ルーブリックは、どのような状況でも使用できます。プロジェクト、実践レポート、期末レポート、口頭プレゼンテーションなどの複雑な課題にルーブリックが使用できます。多項選択の短いワークシートにはあまり適さないでしょう。

(2) 学生にルーブリックを注意深く読ませる戦略がありますか。

回答：ルーブリックを採点基準としていることを学生に周知させることが重要です。たとえば、レポートの提出時に、必ずルーブリックをつけさせること、あるいは記述の中に、ルーブリックを読んだかどうかを尋ねる項目を入れることも良いかも知れません。学期のはじめにルーブリックを学生に手渡すので、どのような課題にも応えられるようになります。

(3) 厳格な学習成果をルーブリックでどのように評価できますか。たとえば、GPA で成績評価を出さなければならないとき、学生の学習過程と学習向上を、ルーブリックを用いてどのように評価できますか。

回答：これは、ルーブリックで厳格な学習成果を評価するかどうかによります。まず、ルーブリックを点数化して、それからパーセントや成績に変えるのが最も良い方法でしょう。

(4) 絶対評価と相対評価について、もう少し説明してください。

回答：大学は相対評価ですが、教員の授業は絶対評価です。相対評価の場合、個々の教員の成績評価にルーブリックを用いることは難しいです。点数に変えて、相対評価に調整しなければならないでしょう。自分の評価に責任をもつことが重要です。ルーブリックは、証拠に基づく評価であるということです。

ルーブリックの議論では、評価の側面が重視されがちであるが、教員の学生への期待感を伝え、採点基準を事前に学生に手渡すことで、評価の客観性を保つという重要な側面も看過できない。さらに、批判的思考力の育成や測定も可能にする。

ルーブリックは中教審においても議論され、今月の北海道大学の第 34 回大学教育学会のラウンドテーブルでも「体系的なカリキュラム構築と学習成果の可視化のためのルーブリックの構築・活用」と題して取り上げられる。

論考 13) アクティブラーニングの効果──ICE モデルの活用

　文部科学省は、次期学習指導要領の原案を中央教育審議会に示した。これは、2020 年度以降の小中高校における教育の方向性を定めたものである。その特徴は、「どのように学ぶか」の授業方法に焦点が置かれている。具体的には、子どもがグループに分かれて議論し、互いに学び合いながら答えを探究する能動的学習（アクティブラーニング）の普及である。これを契機に、アクティブラーニングの「加速」は必至である。危惧されるのは、アクティブラーニングが「主」で、本来の授業の学びが「従」になってしまわないかである。アクティブラーニングは、「どのように学ぶか」の手段であって到達目標ではない。学校教育の基本は「基礎知識の習得」にあることは論を俟たない。基礎知識なしのアクティブラーニングは単なる「おしゃべり」に過ぎない。優れたアクティブラーニングは、「基礎知識の習得」の上に成り立つことを看過してはならない。教員には、児童・生徒に必要な知識を授けた上で、活発な討論や発表に導く授業の進行役（ファシリテータ）としての役割が求められる。

　アクティブラーニングを身に付けた児童・生徒が大学に進学すると、大学における授業改善も必至である。これまで、一部を除いて、大学教員は旧態依然として講義中心の授業を行ってきた。

　アクティブラーニングの実践に何が必要か。それは優れた学習方法のためのモデルである。アクティブラーニングを実践すると気づくが、どこまでが基礎知識で、どこからが討論や発表なのか、そしてどこからが応用・発展なのか見分けがつかず曖昧である。教員、児童・生徒、そして学生にとって 3 つの共通の「枠組み」があれば理想的である。

　ディ・フィンク博士は、2012 年に帝京大学第 1 回 FD フォーラムで「能動的学習―学生を学習させるには―」と題して講演した。講演では、アクティブラーニングがいかに効果的であるかをノーベル物理学受賞者カール・ワイマン（アメリカ）博士の物理学の導入コースの授業に関する実証的な比較研究

56

をもとに紹介した（注：アルカディア学報 2012 年 10 月 17 日号でも紹介した）。これは、ワイマン博士が 2011 年 5 月『サイエンス』誌で発表した論文（"Improved Learning in a Large-Enrollment Physics Class"）にもとづいた成果である。比較研究とは、物理学の導入コースを学ぶ同レベルの学生を 250 人ずつの二つの大きなクラスに分け、教員が数週間、同じ講義を行った後、一方のクラスだけ最後の 1 週間（3 日間）をワイマン教授の研究指導を受けたポスドクがアクティブラーニングを取り入れ、学生がグループで問題解決に取り組んだり、迅速なフィードバックを行ったりした結果、次のような研究成果が得られた。アクティブラーニングを取り入れた実験クラスでは、学生の出席率が伸び、学生の積極的な関与の割合も伸びたことは容易に想像できる。驚くことは、学生の学習成果が飛躍的に伸びたことである。以下の**図 4-1** は、共通テスト 12 問でどの学生グループが何問を正解したかを表したデータである。テストの正解に関して、講義だけの学生とアクティブラーニングを取り入れた実験グループの学生との間に大きな格差が見られた。たとえば、講義だけのグループの得点が 4 〜 5 問のところに集中していたのに対して、アクティブラーニングを取り入れた実験グループは、11 問のところに約 45 名も集中した。12 問正解した実験グループの学生数は約 20 名いたが、実は、12 問目の問題は

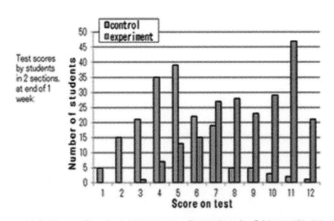

出典:Carl Wieman and Others, "Improved Learning in a Large-Enrollment Physics Class," *Science*, Vol 332, 13 May 2011.

図 4-1 「2 つのグループの正答数」結果データ

講義で教わらなかったところで、それまでの学びを能動的につなげて正解を導き出した結果である。このように、未知の問題に果敢に取り組むことができるのがアクティブラーニングの効果であることが実証された。

この比較研究で重要なことは、形式的にアクティブラーニングを導入するのではなく、講義において十分な基礎知識を身に付け後にアクティブラーニングの手法を取り入れたことである。

フィンク博士は、アクティブラーニングの手法を身につけた学生は、教わらなかったことを探究するだけでなく、自ら「考えて学ぶ」ことや「深い学び」を身につけることができると説明した。すなわち、「自律的学習者」ということができる。したがって、授業デザインをするときにアクティブラーニングの手法を取り入れることが重要であると提言している。

論考14）アクティブラーニングの評価
──ラーニング・ポートフォリオの活用

文部科学省は、アクティブラーニングの「促進」から「加速」にギアを切り替え、具体的な取り組み事例を奨励している。アクティブラーニングの加速の事例の一つとして「反転授業」がある。これは、中教審答申の学修時間の増加・確保と相まって効果的な授業方法の一つである。筆者も、反転授業を実践しているが、学生の予習復習の時間が増え、事前学修もやってくることから、教室内の活動も活発になり、主体的な学びにつながっている。

大学教員がアクティブラーニングを自らの授業に取り入れない理由の一つは、評価の難しさと無関係ではない。すなわち、講義の場合、評価が簡易であるばかりでなく、授業の準備もやりやすい。アクティブラーニングを導入した場合、授業の進み具合が不透明であるばかりでなく、授業をどのように進めるか、管理能力も問われる。しか、「教育から学習への転換」（パラダイム転換）により、アクティブラーニングが注目されるようになった結果、学習成果としての評価の問題は避けられなくなった。

「パラダイム転換」の影響を受けて、これまでの知識の評価に留まらず、技能・態度をどのように評価するかが問われるようになった。とくに、アク

ティブラーニングの評価は数量的な評価では難しく、質的な評価でなければ測定できない部分が多い。すなわち、技能・態度の側面の評価の部分が少なくないことから、従来の筆記試験の知識だけでは十分に対応できなくなった。以下の**図 4-2** からも明らかなように、ポートフォリオ（ラーニング・ポートフォリオ）のみが、知識・技能・態度の 3 つの領域を幅広く評価できることがわかる。すなわち、アクティブラーニングの評価には、ラーニング・ポートフォリオが効果的であることがわかる。

ディ・フィンク博士は、筆者との対談（注：主体的学び研究所 HP を参照）で、アクティブラーニングには 3 つのレベルの活動があり、それぞれが互いにつながっていると説明している。一つ目は、学生が「情報あるいはアイデア」を何らかの方法で得るもので、講義、書物や文献の読書などが含まれる。二つ目は「経験」であり、ここで能動性が発揮される。このレベルでは、現実あるいは生活における経験を必要とする。ここでの経験は物理的な行動を指すのではなく、「知的な行動」のことである。たとえば、考えながら質問をする、質問に迅速に答える、問題を考えながら解く、判断するなどの知的な行動で

方法	知識			技能	態度	測定範囲
	想起 (知識)	解釈 (理解)	問題 解決			
論述試験（ペーパーテスト）	I	II	III			I
口頭試験	I	II	III			I
客観試験	III	III	I			III
Simulation Test						
筆記型	I	II	III			I
模擬患者・模擬来談者モデル			I	II	III	I
コンピューター	III	III	III			II
実施試験			I	III	II	I
観察記録			I	III	III	II
レポート	I	II	III		II	I
ポートフォリオ	I	II	III	II	III	III

Grading: －＜＝＜Ⅰ＜Ⅱ＜Ⅲ 　　　狭Ⅰ＜広Ⅲ

図 4-2　評価方法と分類目標との関係

出典：「第 11 回北海道大学教育ワークショップ：単位の実質化を目指して」(71 頁)

ある。

　最後が「省察」の部分で、学生は二つの振り返りをする。一つ目は、教科に対するもので、たとえば、地理学を勉強したり、経済学を学んだりしている場合は、多くの文献を読み、用語集を作り、主題に関するいくつかの事柄を集めて小論を書くなどは、教科に対する振り返りである。二つ目は「省察」に対するもので、最近、アメリカで注目されているもので「学習プロセス」について振り返ることである。学生が学習プロセスについて振り返ることは、一般的でないが重要である。自らの学習を振り返り、自らに問いかけて学習プロセスを振り返り、何をうまく学べたか。何をうまく学べなかったか。どのように学んだか。読書からか、実行からか、それ以外のことからか。何が学習を助けたか。何が学習を妨げたか。学習者としてどのような意義や価値があったかなかったか。今後の社会的生活、地域での生活や市民生活に役立つかを振り返ることである。そして、最終的に、コースが終わった後、将来も学び続けたいか。もしそうであるならば、どのようにして学び続けるか、別のコースを履修するのか、本を読むのか、何か別のことをするのか、誰かに話をするのかなどが考えられる。学生がそのような振り返りをするとき、学習プロセスを振り返ることになる。学生がこれらの振り返りを繰り返すことで、学習者としてのパターンに気づく。すなわち、学習について理解し、学習者としての自分を理解することができる。学生が深い理解に達することで、学習者としてだけでなく、「メタ学習者」となることができる。その結果、教科としての地理学を学んでいるだけでなく、学習についても学んでいることになる。学生がメタ学習者になるときにのみ、自己管理ができる学習者となる。すなわち、自律的学習者ということができる。メタ学習者となるには、学習から一定の距離をおいて自らに問いかけながら、学習プロセスを振り返ることである。

　以下の**図4-3**は、フィンク博士の「意義ある学習を目指す授業設計」としての能動的学習（アクティブラーニング）を示したもので、「省察」の事例として学習（ラーニング）ポートフォリオが効果的であることを紹介したものである。なぜ、ラーニング・ポートフォリオが「メタ学習者」となるために効果

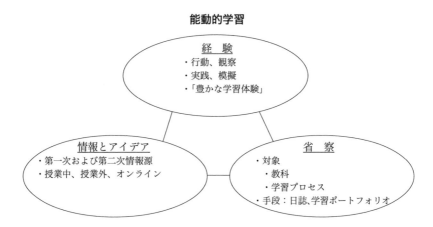

図 4-3　意義ある学習を目指す授業設計

出典：ディ・フィンク博士基調講演「意義ある学習を目指す授業設計」（大学教育学会第33回全国大会東
　北大学、2013年6月1日）

的な方法なのか。それは学習プロセスを振り返ることに重点が置かれた教育
方法であるからである。しかも、ラーニング・ポートフォリオは証拠資料に
もとづいてまとめられるので、学生の振り返りを促すのに適している。証拠
資料なしの振り返りは、単なる業務日誌に過ぎない。

　筆者は、学生にラーニング・ポートフォリオを作成させるときに、「コン
セプトマップ」を描かせて、授業の振り返りを促すようにさせている。最近
では、コンセプトマップを用いることで、「深い学び」につながるとの研究
成果も出されている。

5章　持続可能なアクティブラーニング

I　高大接続・大社連携の持続可能なアクティブラーニング

論考 15）大学教育と高校教育との関わり──高大接続教育の一体的改革

　中央教育審議会は、「新しい時代にふさわしい高大接続の実現に向けた高等学校教育、大学教育、大学入学者選抜の一体的改革について」（平成 26 年 12 月 22 日）を答申した。「一体的改革」という表現が目を引いた。「一体的改革」とは何か。これまでの改革は「一体的」でなかったのか。日本では、長い間、高校と大学の間に「入学者選抜試験」という壁があり、実質的に断絶されていた。戦後日本の学校制度は、アメリカをモデルにした 6・3・3・4 の単線型学校制度であるにもかかわらず、高校と大学の間に断絶があるとすれば、制度的欠陥である。コロンビア大学ハーバード・パッシンは、著書『日本近代化と教育』（サイマル出版会、1969 年）の中で、本来は、6・3・3・4 であるものが、実際は 6・3・X・3・X・4 となっていると指摘している。X とは、高校や大学への入学試験を指す。すなわち、最後の X によって円滑な高大接続教育が阻まれているというのである。

　高校と大学の接続に関する問題は、アメリカでも歴史的に議論された。30 歳の若さでシカゴ大学総長となったロバート・ハッチンスは、リベラルアーツ教育に造詣が深いことで知られた。彼は、4 年制高校の最後の 2 年と大学の最初の 2 年の関係を明瞭にし、高校の最後の 2 年をカレッジに組み入れて、「4 年制カレッジ」とする新たな学士課程を創出する実験的改革を断行した。そして、紆余曲折を経て学士号授与年齢を引き下げることに成功した。彼の

意図とするところは、リベラルアーツ教育を高校の最後の 2 年まで広げて 4 年間とする考えであった。すなわち、4 年制カレッジにおけるリベラルアーツ教育の重要性を強調した。彼の実験的改革からも明らかなように、高校と大学の接続を「リベラルアーツ教育」で一体化させようとしたことがわかる。驚くことは、アメリカでは大学を実験的改革の場と位置づけていたことである（詳細は、拙著『戦後日本の高等教育改革政策―「教養教育」の構築―』、玉川大学出版部、2006 年、128 頁～を参照）。日本が入試改革という表面的な高大接続改革を論じているのに対して、リベラルアーツ教育を中心に高校と大学の接続教育の一体的改革を考えていたことは大きな違いである。

　日本の高大接続の議論は、入試制度改革が中心で、生徒や学生は「蚊帳の外」に置かれ、学びの「主役」が誰であるかわかりにくい。何のための、誰のための改革なのか。高大接続教育改革の主役は、生徒や学生でなければならない。答申を踏まえて、文部科学省は「高大接続改革実行プラン」（平成 27 年 1 月 16 日）をまとめた。実行プランの特徴の一つは、授業方法を軸とした「学び」の質的転換が政策的な焦点となっていることである。たとえば、高等学校教育の改革の方向性として、「課題の発見と解決に向けた主体的・協働的な学びの推進と高等学校教員の資質能力の向上」を打ち出している。すなわち、アクティブラーニングの推進と教員の質的能力の向上が盛り込まれた。さらに、教員の資質・能力の向上に向け、教員の養成・採用・研修の改善を図ることを促した。果たして、この実行プランで十分といえるだろうか。最近、アクティブラーニングの言葉を良く耳にするが、正しく理解されているかどうか疑わしい。言葉だけが「一人歩き」しているように思える。高校の教員がアクティブラーニングの方法論を身につけるために、どのような研修をすれば良いのか具体性に欠ける。的確な研修を怠れば、「授業崩壊」につながる危険性がある。さらに、高校でアクティブラーニングを推進しても、大学の授業が従来通りの講義形式であれば、何の改善にもつながらない。

　大学教育の改革の方向性としても、「大学教育の質的転換を断行し、学生が高等学校教育までに培った力をさらに発展・向上させ、予測困難なこれからの社会に出て自ら答えのない問題に対して解を見出していく力を身につ

けさせる」と高大接続における「学び」の質的転換を喚起している。果たして、これだけで十分といえるだろうか。筆者は、高校教員と大学教員が共同で「一体的改革」に取組むことが不可欠であると考えている。

　本稿で紹介するのは、アメリカのニューヨーク州の名門私立大学シラキューズ大学における「高大接続」のユニークな取組みである。周知のように、アメリカでは高校生が大学での単位を取得し、入学後に科目の履修が免除される制度、AP（アドバンスド・プレースメント）がある。シラキューズ大学には、PA（プロジェクト・アドバンスト）と呼ばれるものがある。AP は、高校生が大学の授業を受けて試験に合格したら単位が取得できるのに対して、シラキューズ大学の PA は高校の教員が大学の授業を高校で教え、大学の単位を与えるという画期的なものである。PA はシラキューズ大学が独自に開発したもので、高校の教員を兼任講師（Adjunct Instructor）として養成した後、所属する高校で大学の授業を授けて単位を与える制度である。アメリカでは、高校の教員が大学で教えるための最低資格の修士号を取得しているので、このようなプログラムの開発が可能である。具体的には、高校の教員でシラキューズ大学兼任講師を希望するものは、同大学に申請書を提出して書類審査に合格し、兼任講師となるための研修を受け、修了者に認定書が授与されるシステムである。大学側は、教育の質を保証するために、高校での授業を定期的に視察し、教員に指導・助言を与える。まさに、「高大接続」の新しい形態で、高校と大学の授業が一体化している。PA の利点は、高校のキャンパスで高校の教員から大学の授業を受けることができるもので、生徒も身近で受講ができ、教員も大学の兼任講師として認定されるので身分の向上に繋がり、質の高い教育が提供できる。しかも、授業料も実際にシラキューズ大学で単位を履修するときよりも低く設定されているので、経費の負担の面で保護者からも好意的に受けとめられている。このシステムを導入することで、シラキューズ大学は高校からの入学者の確保に繋がると短絡的に考えてしまいがちであるが、この制度の恩恵を被って同大学に入学する生徒はわずかである。シラキューズ大学によれば、「プロジェクト・アドバンス」は、全米で高い評価を受けているので、他大学においてシラキューズ大学の知名度を高める

のに貢献しているという。

　最後に、新たな時代にふさわしい高大接続教育改革のあり方として、大学のFD活動と同じように、課題の発見と解決に向けた主体的・協働的な学びを推進できる高校教員の資質能力の向上のために必要な研修を行うことである。具体的には、高校教員と大学教員が共同で研修を行うことである。たとえば、帝京大学八王子キャンパスの新棟タワー「セラティオスクエア」が9月にオープンするが、新棟にはアクティブラーニング教室も備わっている。最新のICT機器を駆使した設備で、高校教員と大学教員が共にアクティブラーニングの研修ができれば、高大接続教育の一体的改革が推進できると考えている。

6章　中教審答申と授業改善

I　能動的学修を促すファカルティ・ディベロップメント

論考 16）中教審答申を授業改善に繋げる（1）
——能動的学修を促すファカルティ・ディベロップメント

　「新たな未来を築くための大学教育の質的転換に向けて—生涯学び続け、主体的に考える力を育成する大学—」（答申）が 8 月 28 日出された。冒頭、「将来の予測が困難な時代が到来しつつある」と分析し、不透明な時代を切り拓くために大学教育の質的転換を促している。

　「審議まとめ」から「学習」が「学修」へと変更され、答申では一貫して「学修」という表現に変わった。「学習」と「学修」は違う。答申でも、「大学設置基準上、大学での学びは『学修』としている。これは、大学での学びの本質は、講義、演習、実験、実技等の授業時間とともに、授業のための事前の準備、事後の展開などの主体的な学びに要する時間を内在した『単位制』により形成されている」と述べている。これは、1949 年に新制大学がスタートしたときから規定されている。「能動的学修」と言った場合、学生の学修時間の確保は教員にも責任がある。これまで、「学習」は学生がするもの、「授業」は教員がするものとの考えがあった。そのため、教員は「15 回」の授業回数を、学生は「出席」回数を問題にする傾向があった。しかし、大学設置基準上では、「15回」ではなく、「15 週」となっている。「15 回」と「15 週」では内容に大きな違いがある。回数を増やすだけでは、質的転換には繋がらない。「15 週」と言った場合、1 週間の講義と予習復習を含むもので、まさしく「学修」のことである。「学修」には、教員と学生が一緒に授業を創る工夫や改善を促すファカ

ルティ・ディベロップメントが不可欠である。答申でも、「学生に向かって『学修時間を増やしなさい』と呼びかけることだけでは実現しない。学生の学修時間の増加・確保には、学生の主体的な学修を促す教育内容と方法の工夫が不可欠である」と提言している。

　帝京大学高等教育開発センターは、2012 年 7 月 21 日に、米国における FD 研究・実践の第一人者で元 POD ネットワーク会長 L．ディ・フィンク博士を講師に迎え、第 1 回 FD フォーラムを八王子キャンパスで開催した (詳細は、『教育学術新聞』(2012 年 8 月 8 日) を参照)。講演では、「能動的学習—学生を学習させるには—」をテーマに、教員が学生を授業に関与させ、意欲的な学びへと動機づける実践方法が紹介された。フィンク博士は、能動的学習 (アクティブ・ラーニング) を "Student Engagement" と定義づけた。これは、ティーチングからのラーニング・パラダイムへの転換を示唆するものである。ティーチング・パラダイムにもとづく授業改善は、あくまでも手段であって、学生の主体的な学修を生み出すラーニング・パラダイムにもとづく授業改善でなければならないとして、ノーベル物理学受賞者のアメリカのカール・ワイマン博士が、2011 年 5 月『サイエンス』誌に掲載された論文で発表した事例を紹介した。これは、物理学を学ぶ学生 250 人の二つの大きなクラスで、一人の教員が数週間、同じ講義を行った後、一方のクラスで最後の 1 週間 (3 日間) を大学院生が能動的学習を取り入れ、グループ学習やフィードバックを実験的に行った。その結果、能動的学習を取り入れたクラスでは、学生の出席率が 57％から 75％に、授業の関与率も 45％から 85 に伸びた。数量的な増加だけでなく、学生の学習成果も飛躍的に伸びた。講義だけの学生と実験的に能動的学習を取り入れた学生との間に大きな変化が見られた。これは、能動的学習が学生の学びを改善することを裏づける画期的な研究であるとして、フィンク博士は、学習者中心の視点を教授法に取り入れ、学生がどれだけ学んだかに中心を移せば、授業への出席率や関与率も伸びると結んだ。この事例で重要なことは、形式的に能動的学習を導入するのではなく、基本的な知識や情報に関する講義を行った後に、能動的学習を取り入れている点である。まさしく、「能動的学修」を必要とする所以である。

　答申では、日米大学と比較して、日本の学生の学修時間の少ないことが強調されているが、時間数だけではない。たとえば、授業計画（シラバス）の作成状況は平成21年度96.4%であるにもかかわらず、「具体的な準備学修内容を示している」大学は35.8%、「具体的な標準学修時間の目安を示している」大学は6.8%に留まっている。すなわち、大学の授業が講義中心で、学生を主体的に考えさせる授業形態になっていないことがわかる。

　大学の教壇に立ち、初年次学生を教えて痛感することは、ほとんどの学生が自らを「生徒」と呼んでいることである。これは、現状の単位制の問題とも重なる。答申も、「授業時間数を中心に教育課程が編成されている初等中等教育とは異なり、学生が主体的に事前の準備、授業の受講、事後の展開という学修の過程に一定時間をかけて取り組むことをもって単位を授与し、また、このような学修経験を組織的、体系的に深めることをもって学位を授与するというのが大学制度である」と両者の違いを峻別している。

　筆者は、『読売新聞』「論点」「大学授業の改革　能動的学習　訓練の必要」（2011年1月5日）で、日本の大学教員には、教壇に立つ前に、臨床的実習や学生に能動的学習を促す訓練が必要であると提言した。多くの場合、新任教員は、大学時代に指導を受けた教員の旧態依然の指導方法を真似る傾向にある。これでは、大学全入時代の学生には通用しない。「大学設置基準」では、教員に研究業績と「教育も担当できる能力」、つまり「研究」と「教育」の二足のわらじを求め、「研究上の業績」を第一義的としている。「教育も担当できる能力」というような「曖昧」な基準では、良い教員の確保は心もとない。答申も、大学設置基準第14条（教授の資格）に定める「大学における教育を担当するにふさわしい教育上の能力」の関係の整理についての検討を求めているが、「ふさわしい教育上の能力」の表現は抽象的でわかりにくい。何よりも、大学教員になってからのFD研修をはじめるようでは遅すぎる。北米の大学院のように、博士論文をまとめながら、将来、大学教員になるための準備としての大学教員養成プログラム（PFFP）を国として制度的に導入することが肝要である。このプログラムでは、実際に教壇に立って授業を行い、メンターとなる教授から臨床的な教授法の指導を受けることになり、「プレFD」の役

割も果たしている。

　最後に、答申は「組織的な教育の実施」を促している。学士課程教育の質的転換のためには、教員全体の主体的な参画による教育課程の体系化と並んで、授業内容はその実施に関わる教員の組織的な取組みが必要であることが強調されている。答申を授業改善に繋げられるかどうかは、学長のリーダーシップにかかっていると言っても過言ではない。

II　Student Engagement を促すアメリカの大学

論考 17)　中教審答申を授業改善に繋げる（2）
——Student Engagement を促すアメリカの大学

　日本の大学の現状では、能動的学修の促進や学修時間の確保に制度的な限界がある。戦後日本の大学はアメリカをモデルにしたが、両者は似て非なるものである。能動的学修は、単位制の実質化を促したものであるが、学生の履修状況を考えれば、実現は容易ではない。大学教育の質的転換を図り、能動的学修を促そうとしても、教員の授業負担数や学生の履修状況が障壁となってくる。

　もともと、新制大学で導入が検討された単位制度は、現状のものとは異なった。講義（演習）と準備学習が峻別され、学生の 1 学期の単位数は 15 単位、具体的には、授業時間 17 時間、教室外学習時間 27 時間として検討された。卒業単位を 120 とした。そして、1 時間の授業を週 3 回（月・水・金）にわけてすることが推奨された。これは、1 科目 3 単位として計算したものである。しかも、時間割では各授業の後を空き時間にして、図書館や家庭での学習時間に充てた（詳細は、拙著『戦後日本の高等教育改革政策—「教養教育」の構築—』玉川大学出版部、2006 年を参照）。いまでも、アメリカの大学の時間割は概ねこのようである。たとえば、月と水に基本的知識を学び、金曜日にそれを踏まえて議論や討論を通して、学びを深める能動的学修となっている。このような制度的な側面を考慮することなくして、能動的学修の促進や学修時間の確保を提言しても効果はあまり期待できない。

　日米大学を比較して考えさせられるのは、制度的な側面だけでなく、内容的にも大きな違いがあることである。たとえば、アメリカでは能動的学習を"Student Engagement"と定義づけ、学生の関与の度合いで大学や教員評価に繋げるシステムが導入されている。その顕著な例が、NSSE（National Survey for Student Engagement）と呼ばれる全米調査である。

　答申は、日米大学と比較して、日本の学生の学修時間が少ないことを強調しているが、なぜ、アメリカの学生は学修時間が多いかが説明されていない。アメリカの学生の学期中はアルバイトもできないほど、学修時間に拘束されている。たとえば、シラバスひとつをみても大きな違いがある。日本のようなコースカタログと違って、授業のシミュレーションとなるような詳細なものである。シラバスは、学生と教員の契約書であるから、学生の学習到達目標の達成は教員にも責任がある。たとえば、サンディエゴ州立大学の場合は、教員が学習成果を明記することが 2004 年から義務化された。さらに、教員は自らが掲げた学生の学習到達目標に署名しなければならない。また、シラバスの「行動目標」を明確にするために、具体的な動詞を用いるように指導している。たとえば、「学習成果を引き出す 360 種類の動詞」を列挙し、シラバスを作成するときの参考にさせている。

　答申でも、学修成果を測定するルーブリックが提言しているが、これは成績評価のためだけではない。教育の質を高めるためのツールの役割も果たしている。そのため、授業の最初にシラバスと一緒に配布される。「大学教育の質的転換」という視点に立てば、学修時間の確保だけでは不十分である。たしかに、学修時間が増えれば、知識量は増えるかも知れないが、それは表面的な「浅い学び」であって、「深い学び」になっていない。「深い学び」は、学んだ知識を「繋げ」、さらに「応用する」ことから生まれる。これまでは、学習における「インプット」だけが重視されすぎたきらいがある。学習には、「アウトプット」という重要な側面があることを忘れてはならない。「ラーニング・アウトカムズ（学習成果）」が重視される所以である。

　学んだ知識をどのように「深い学び」に繋げるかが鍵となる。たとえば、カナダのクイーンズ大学医学部が採用する ICE モデルは、授業デザインと

しても注目される。詳細は、以下のウエブサイトを参照。

（http://meds.queensu.ca/central/community/instructional_design:online_module_ workshop/developing_learning_objectives/ice_model）

　ICE モデルとは、I（Ideas）、C（Connections）、E（Extensions）の頭文字を取ったものである。このモデルは、到達目標を明確にすることで、ルーブリックのはたらきもする。注目したいのは、質の高い学習レベルに到達させるために的確な動詞を使用させていることである。たとえば、I レベルに達成させる動詞として、「定義づける」「記述する」「説明する」「分類する」「比べる」「明らかにする」「列挙する」「位置づける」「明確に理解する」、C レベルの場合、「応用する」「比較する」「対比する」「類別する」「組織化する」「分類する」「識別する」「解釈する」「統合する」「修正する」「評価する」「解決する」、そして E レベルの場合、「計画する」「展開する」「診断する」「評価する」「既存の資料に基づいて推定する」「審理する」「予測する」を使用させる。このモデルを学年レベルで教えることも可能できる。たとえば、I レベルを 1 〜 2 年次、C レベルを 3 年次、そして、E レベルを 4 年次といった具合である。

　能動的学修を促進するうえで最も効果的なものが、ラーニング・ポートフォリオ（答申の学修ポートフォリオのこと）である。なぜなら、ラーニング・ポートフォリオは結果だけでなく、学習プロセスでの自己省察を促すからである。

　最後に、アメリカの大学では、卒業論文に加えて卒業ポートフォリオが注目されていることについて紹介する。これは、学生が 4 年間を通して、どのように学習に取組んだかをまとめるもので、“Student Engagement”の度合いが測定できる。アメリカ・ユタ州のブリガムヤング大学オナーズ・プログラムの卒業ポートフォリオは、学生が学士課程のすべての記録をポートフォリオに収め、卒業論文試問までに提出しなければならない。ポートフォリオは、4 年間の学業生活を通して集めた多くの学問分野（たとえば、論文、テスト、レポート、プロジェクト、実験室での成果、実験室でのノート、イラスト、グラフィックス、ポスター発表用テキスト、専門会議での発表要旨、音楽作品、演奏録音、絵画プリント、備品デザインなど）の中から、最も優れたサンプルを自ら選んでバインダーに綴じる。ポートフォリオの準備は、1 年次の 1 学期からはじめる。

クラス・エッセイ、化学の課題、数学の試験、生物学のレポート、美術のエッセイ試験、宗教の授業ジャーナル、フィールド調査日誌、外国語の詩のオリジナル翻訳などのほかに、学部、大学あるいは全国大会に提出したレポートも含まれる。さらに、成績単位取得表もファイルする、まさしく、答申の学修ポートフォリオに匹敵する。

　卒業ポートフォリオの優れる点は、卒業論文では学習面しかわからないが、ポートフォリオでは4年間の学生生活のすべてを知ることができる。また、論文の場合、内容が中心で、学生がどのように取り組んだかがわからないが、ポートフォリオの場合、学生がどのように考え、どのように振り返ったかを知ることができる。この学生の「振り返り」が「深い学び」に繋がる。

論考18)　学生が「主役」のアメリカの大学──注目されるアクティブアクションの一例

　インディアナ大学を本拠地とする「スチューデント・エンゲージメント全国調査」(National Survey for Student Engagement, NSSE) の影響もあり、学生の大学への関与の度合いで教育の質を評価する方法が注目されている (詳細は、拙著『ポートフォリオが日本の大学を変える─ティーチング／ラーニング／アカデミック・ポートフォリオの活用─』東信堂、2011年を参照)。カナダのオンタリオ州もカナダ版NSSEを作成して調査をはじめるなど、北米の大学では学生を「主役」とした大学改革が見られる。

　数年前、カナダのダルハウジー大学図書館で学生に蓋つきコーヒーカップの持ち込みを許可したことで図書館のイメージが一転したことを紹介したことがあるが、最近では、ラーニング・コモンズとしての共有の場として注目され、堅苦しい大学図書館のイメージから新しい図書館スタイルへと変化している。たとえば、パソコンが自由に使えたり、ラウンドテーブルやラウンジが置かれたりして、友だちと一緒にコーヒーを飲みながら談話ができるカフェテリアを併設するところもある。図書館は本を借りて静かに読むところだけでなく、友だちとディスカッションができる共有の場と変わった。その背景には、学生が一人アパートでパソコンやゲームに没頭するのは健全でないとの考えがあり、図

書館を中心にコミュニケーションの輪を広げたいという大学側の狙いもある。

　ユタ・バレー大学　(UVU)図書館のカフェテリアは、受付カウンターに隣接していて、スターバックス・コーヒーはもちろんのこと、「寿司コーナー」まであり、すべての図書館のフロアーで飲食できる。コーヒーをこぼしたり、本を汚したりしないのかとの心配の声もあるが、社会性を身につけさせる良い訓練になると大学側も歓迎している。

　『教育学術新聞』(2010年12月15日付3面)で紹介したSCOT(学生による授業コンサルティング)も学生を「主役」とした大学改革の一例である。SCOTがどのような準備をして授業コンサルティングに臨むか、取り組みの実践を取材し、学生にインタビューした。同大学教育担当副学長アイアン・ウイルソン(Ian K. Wilson, Vice President of Academic Affairs, Utah Valley University)は、SCOTプログラムを高く評価し、「一般に、大学教員は自らの授業について語られるのを好ましく思わないが、SCOTプログラムは、希望する教員のみに実施されているので、外からのプレッシャーを感じることもないので教員からの評判も良い。なぜなら、学生の視点から授業観察や授業のフィードバックを得ることができるからである」と、その理由を話してくれた。

　午後4時からのSCOTミーティングに参加した。SCOTは、授業を観察して教員に報告するだけではない。自分たちも学生の視点からどのような授業が効果的であるかを話し合って理解を深めている。この日は、「能動的学習(Active Learning)」についての報告があった。SCOT同士がペアを組み、アントン・トールマン・センター長(Anton Tolman, Director, Center for Teaching and Learning Excellence, CTLE)が出した課題を2週間かけて調べ、パワーポイントを使って報告した。

　同大学は、前掲の教育担当副学長からのサポートもあり、SCOTの年間予算が十分に確保され、毎回のミーティングには、ピザ、スパゲティ、スープ、ケーキ、コーヒーも出され、揃いのポロシャツを着た仲間同士がキャンピングでも楽しむかのような雰囲気が漂っていた。以下に、SCOTにインタビューして経験談を語ってもらった。

　「SCOTとしての経験で学んだことは、教える側から授業を見ることがで

き、教員への感謝の気持ちが芽生えたことと教員を手伝える喜びです。フラストレーションもあります。たとえば、SCOTを必要とする教員はあまり利用しないで、SCOTを必要としない優れた教員が積極的に利用しているということです」(Charolette Reynolds)。「私は、この仕事をとても楽しんでいます。SCOTを通して何を教員から期待するかもわかるようになりました。私は、歴史学の専攻で、将来の夢は大学教員になることですが、クラスでどのようなことをすれば良いかがわかるようになりました。とくに、クラス討論や学生が教員に変わってプレゼンテーションすることの重要さがわかりました。私は、SCOTになる前から大学教員になりたいと思っていましたが、SCOTになってその思いをより強くしました。SCOTの経験を通して講義形式でなく、学生を巻き込んだ授業をしたいと考えています。現在、大学4年なので、これから大学院に行って準備します」(Kris McLain)。「SCOTとして授業改善に役立ててうれしいです。クラスで授業を観察して思うことは、学生のフィードバックを教員が受け入れなければ、改善や向上はないということです。互いに学び合うことが大切だと思います。SCOTプログラムのことは友人から聞きました。SCOTになったことで観察力が鋭くなり、いろいろなことに関心がもてるようになり、新しい考えや提言も受け入れられるようになりました。現在、3年でアメリカン・サイン・ランゲージ(American Sign Language)を専攻していて、将来は手話通訳者になりたいと思っています」(Allison Querry)。「私は、SCOTとして約2年間活動していますが、この仕事が大好きです。現在、SCOTウエブサイトの運営やプログラムのデータ分析と管理を担当しています。これまで多くの教員から肯定的なフィードバックをもらうことができましたが、これに満足することなく、改善し、向上したいと考えています。私たちは、教員にやってほしいことを、まずSCOT同士で実践することにしています。たとえば、グループ活動が重要だと思えば、SCOTで実践し、互いに理解が深められるようにしています」(Devin Weaver)。

　日本でもアクティブ・ラーニング(能動的学習)が注目されているが、アメリカでは学生を「主役」にするアクティブ・アクション(能動的行動)が注目されている。

7章　ポストコロナ時代の授業デザイン

I　学習者中心の授業デザイン

論考 19)　学習者中心のコースデザイン
───学生の学習を高めるために教員ができる活動

2015 年 9 月、アメリカ最大規模の FD（ファカルティ・ディベロップメント）組織である POD ネットワーク現会長、歴代の会長などと帝京大学高等教育開発センターの共催による POD/Teikyo Collaboration Project 2015 が新設された八王子キャンパスのソラティオスクエアで開かれた。3 日間の研修の一つが「大学教員のための学習者中心のコースデザイン」というテーマで行われ、全国から約 30 名が参加し、修了者には POD と帝京大学高等教育開発センター連名の「修了証」が授与された。

なぜ、学習者中心のコースデザインが取り上げられたのか。それは「パラダイム転換」を契機に、教員から学生へ、教育から学習への転換を図るためには教員中心のコースデザインを見直す必要があるとの認識があったからである。この点に関してコースデザインの著書もあるディ・フィンク博士は、筆者とのインタビューの中でコースデザインとは何かについて、アナロジー（類似）として建築家の設計図を用いて説明してくれた（詳細は、「主体的学び研究所」の HP の対談録画「ディ・フィンクと土持ゲーリー法一の FD 対談─教育と学習に関する主体的学びについて」を参照）。建築家はデザインをするとき、多くのことを考慮しなければならない。たとえば、土地の条件、地形の状況、建物の目的や種類など多くのことを検討する必要がある。予算も考えなければならない。それらのことが決まると、コンクリートを使うのか、木材を使うの

か、大きな空間か小さな空間か、照明をどうするか、窓をどうするか、どこに窓を取り付けるか、あらゆる角度から検討して決定しなければならない。これらのすべてのプロセスがデザインをするうえで不可欠である。そのうえで最適の建物を提供することができる。建築家はそれらのすべてを設計図に落とし込んで可視化できるようにする。すなわち、コンクリート、木材、照明、窓の位置などを詳細に記載する。

　これとまったく同じ手順がコースデザインのプロセスでもいえる。コースデザインの場合、学生に何を学んで欲しいか、最適な学習環境や活動はどのようなものか、どのような評価方法が適切か、どのような教授戦略が必要かなどである。そして、そのことを学生に伝える必要である。その媒体となる書類がシラバスと呼ばれるものである。その意味で、シラバスはコースデザインを凝縮したものであるが、可視化できるのは「氷山の一角」に過ぎない。

　学習者中心のコースデザインを考えることが、学生の学習を高めるために教員ができる最も重要な活動であるといわれる。

　大学におけるシラバスには、内容中心デザインのものが多い。授業が15週で構成されることから、大学で使用する教科書も15章で構成できるようになっている。したがって、教科書の章を単元に合わせて教えるという「手抜き」も多く見られる。その結果、内容を中心としたデザインとなり、事実を伝授することに重点が置かれる。これを別名、教員中心デザインとも呼ばれる。どのような内容を教えるか、いつテストをするかはすべて教員が決定する。これは講義形態を取るのが一般的である。これに関連して、以下の**図7-1**のデータが紹介された。学生が「学習」ばかりだと、短期の記憶力は持続できるが、長期（1週間）になると低下するというものである。しかし、学習の後にテストを繰り返すことで記憶力を持続できることが明らかである。これは授業デザインするときに留意する必要がある。

　アメリカではシラバスのことを「契約書」と考えられてきた。その意味では法的なドキュメントである。このような硬直した状況の下でどうして学生を動機づけられるだろうかという素朴な疑問が生まれた。その結果、ここ10数年、別の見方をするようになった。それはシラバスを「契約書」として

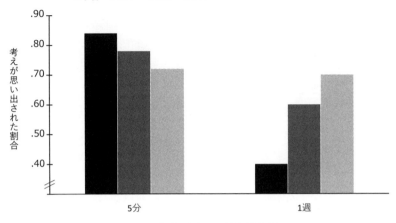

図 7-1　期末試験の記憶保持期間

Karpicke, J. D. & Rodiger, H. L.（2006）. Test-enhanced learning taking memory tests improves long-term retention. Psychological Science, 17（3）, 249-255.
出典：POD/Teikyo Collaboration Project 2015

の考え方ではなく、「自己紹介」という柔らかい考え方に変わった。学生は
シラバスを通してどのような教員かを知ることができるので「歓迎します」
あるいは「授業へようこそ」のような温かい、柔らかい表現が効果的である。
学生の動機づけという点から考えれば、厳しい規則よりも「歓迎する」の方
が効果的である。「〜してはいけない」のような規則が多いシラバスは敬遠
される。また、シラバスはコミュニケーションのツールとしてのはたらきも
する。契約書のような規則を重視する場合も、歓迎する場合も同じように使
うことができるが、後者は、教員と学生が一緒に行動するという点で違って
くる。すなわち、教員が学生と契約を交わすのではなく、「約束」を結ぶと
いう意味合いになる。

　図 7-2 は、学習者中心のコースデザインをするときに用いられる「バック
ワードデザイン（逆方向のデザイン）」あるいは「統合されたデザイン」と呼ばれ
るものである。学習目標が円の中心にあり、学習アセスメントから逆向きに

図7-2　バックワードの（逆方向・統合）デザイン

出典：POD/Teikyo Collaboration Project 2015
©2010 Michael Palmer

スタートする。①〜③が統合されるだけでなく、アラインメント（学習活動と学習アセスメントが同じ方向にそろっていること）されている。学習活動と学習アセスメント方法が一致することが重要である。バックワードデザインをすることで、このアラインメントを確認することができる。

　学習者中心のシラバスを要約すると、1）バックワードデザインあるいは統合されたデザインであること、2）アセスメント（教育的評価）を用いていること、3）学生の動機づけが明確であること、さらに、4）質問形式の授業形態であること、5）長期的かつ多面的な学習目標を有していること、6）測定可能な学習目標を立てていること、7）学習アセスメントと学習活動が詳細であること、8）詳細なコース・スケジュールになっていること、9）歓迎するようなトーンで動機づけられていること、10）学生の成功に焦点が当てられていることである。

II　ポストコロナ時代の授業デザイン

論考 20）オンラインにおける反転授業──授業デザインを考える

はじめに

　新型コロナウイルス感染の影響で伝統的な大学の牙城が崩壊している。各大学の対応は様々で未曽有の危機に直面し、どのように対応したら良いか右往左往している。それでも「応急措置」で乗り切れたのはさすがである。慌ただしかった春学期オンライン授業を終え、秋学期に向けてどのような授業形態にするか熱い議論が交わされている。論考 1)「ウイズ / ポストコロナ時代の授業のあり方─どう変わり、どう対応するか─」『教育学術新聞』(2020 年 9 月 9 日付号) で紹介した早稲田大学田中愛治総長の基調講演からも教員がオンライン授業を経験したことでこれまで消極的だった反転授業にも関心が向けられるようになった。

反転授業とは何か

　反転授業とは、知識の獲得のための時間と知識の応用や発展のための時間を授業内外で組み合わせて行う授業形態のことである。そのため、すべてをオンラインで実施することも可能である。反転授業には誤解もある。たとえば、授業コンテンツを LMS にアップロードして学生に事前学習させることだと考えている教員もいる。たしかに、それも反転授業の一つであるが、それでは教室内授業の活性化につながらない。もし、それが反転授業の主たる目的だとすれば、学生は事前に授業コンテンツを学習して講義に積極的に参加しないことも考えられる。反転授業は、授業コンテンツを LMS にアップロードすることではない。それを教室内の双方向アクティブラーニングにつなげることが目的でなければならない。

　最近、ハイフレックス (HyFlex：Hybrid-Flexible) 型授業という言葉を耳にする。これは学生が同じ内容の授業をオンラインでも対面でも受講できるというものである。教員は対面で授業を行い、学生は自身の状況に応じて対面授業を

受講するか同期双方向型のオンライン授業を受講するかを選ぶことができる。詳細は、https://www.highedu.kyoto-u.ac.jp/connect/teachingonline/hybrid.php を参照。

反転授業のためには新たな教授法が必要

　「ハイフレックス型授業」のような新しい授業には、ファカルティ・ディベロップメント(FD)の導入が欠かせない。どのようにすれば学生のモチベーションを引き出せるか、教員の教授法が問われる。

　反転授業に関する考えは多岐にわたる。授業コンテンツを重視する教員は、学生が事前にコンテンツを学習して授業に臨むことを期待する。経験からもわかるが、この方法は教員にも学生にも「不満」が残る。なぜなら、アクティブラーニングにつながらないからである。授業の「醍醐味」は、事前学習を教室内で議論することにある。反転授業が新しい教授法だと考える教員もいる。たしかに、反転授業という言葉が頻繁に聞かれるようになったのはインターネットの普及と無関係でない。それはハイブリッド型あるいはブレンド型授業として導入された経緯から明らかである。一方、大学には「指定図書」という制度があり、これも教室外学習を促す「反転授業」の一種と考えることができる。アメリカでの反転授業の起こりはリメディアル的な要素が強く、授業でわからないところを教室外学習で補習させる狙いがあった。とくに、初等・中等教育にはその傾向が強い。しかし、大学における反転授業はそれだけではいけない。

反転授業のための動画作り

　授業コンテンツを LMS に置くことと反転授業は峻別して考えるべきである。反転授業には、授業前に学生のモチベーションを高め、アクティブラーニングを誘導する狙いがある。退屈な長いコンテンツよりも、短い動画の方が効果的である。したがって、反転授業には事前学習のための動画作りが欠かせない。筆者は、動画作りを映画の「予告編」のようにインパクトのあるものが良いと考えている。「予告編」を見て、映画が見たくないようでは「愚作」である。換言すれば、短い動画を視聴して、授業に出たいというモチベー

ションを喚起するのが狙いである。

　それでは、どこで授業コンテンツを学ばせるかということである。授業コンテンツは LMS にアップロードして学生がいつでも必要に応じて視聴できるように備えておく。そのうえで、教員はコンテンツの中から授業単元に必要な課題を取り上げ、短い動画を作成するという「二重」手間がかかる。

　具体的にどのような動画作りが望ましいか。そのためには「授業デザイン」が欠かせない。授業でどのような演習や実験を計画しているか、議論のために何が必要かなどを「逆向きデザイン（バックワードデザイン）」して動画を作成すると良い。したがって、自ら描いた授業デザインへの「問いかけ」が必要である。

　「授業デザイン」の世界的権威者ディ・フィンク博士は、筆者との対談「ディ・フィンクと土持ゲーリー法一の FD 対談」（主体的学び研究所 HP 動画）で、反転授業は教室内演習を円滑にするためであると述べている。フィンク博士は、シラバス作成にも授業デザインが重要であることを強調し、シラバスは授業デザインの一部であるとしている。筆者は、論考 1)『教育学術新聞』（2020 年9 月 9 日付号）で「ウイズコロナの授業デザイン」と題して、「ハイブリッド型のシラバス」図表を紹介した。その中では、①学習行動、②教授戦略、③学習者と教員の関係、④評価、⑤学習環境の 5 項目をあげて、オンライン授業との関連性を考慮することを提言した。すなわち、授業デザインにはあらゆる側面を熟慮する必要があり、単に反転授業のことだけではいけない。そのうえで②教授戦略のところで「オンラインで反転授業は可能かどうか」を自らに問いかけている。

　反転授業は「文系」と「理系」とで対応が違うのか、あるいはどちらがより効果的なのかなど素朴な話題を耳にすることがある。反転授業はあくまでも「ツール」である。したがって、どちらも同じように効果的である。ただし、教室内で演習や実験の時間を多く確保したい教員にとっては、反転授業のメリットがさらに大きいことになる。

　春学期オンライン授業が終わり、学生から重要なフィードバックがあった。その中からいくつかを紹介する。「周りが静かで、誰（で）も邪魔にならない

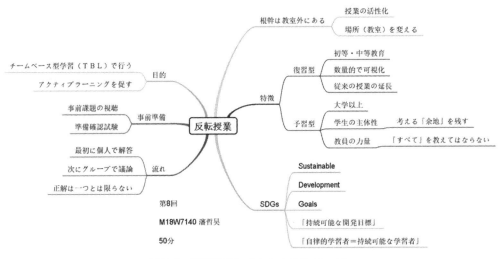

図 7-3　「反転授業」のコンセプトマップ

出典：潘哲昊　京都情報大学院大学院生

場所で授業を受けるの (が) 受講の質量が高くなる。多くの人がいる教室で予想外の状況も発生する可能性があるので、オンライン授業は対面授業より集中できると思う。(男子院生)」「学校が提供している一斉授業にはたくさんの欠点もあります。学習のスピードや発達段階には個人差がありますし、同じ内容でみんなが同じ程度に学べるわけではありません。(男子院生)」「オンライン授業には通常の授業とはまた違ったメリットがあり、その恩恵により、新しい学習スタイルによって様々なことを学べる環境が構築されているのです。(男子院生)」

　図 7-3 のように、「反転授業」についてのコンセプトマップを描いた院生もいる。「50 分」との表示は作成に費やした時間である。

オンライン授業と反転授業の課題

　オンライン授業の一環として反転授業が注目されると、「猫も杓子も」とばかりに教員研修に熱が入る。果たして、教員研修だけで事足りるだろうか。筆者から見れば、片手落ちである。なぜなら、反転授業の影響を最も受ける

のは他でもない学生だからである。学生は反転授業について教員と同じくらい「事の重大さ」がわかっているだろうか。なぜ、オンラインでも反転授業が必要になるのか。教室内授業との関係はどうあるべきなのかなど、大学は学生に対しても反転授業について周知徹底する必要がある。筆者の京都情報大学院大学では秋学期がはじまったら、院生に反転授業についての説明会を予定している。

　反転授業には課題も多い。教室外学習を重視する「反転授業」をどのように成績評価に反映させるか。教室外学習が成績評価に加味されないことを学生が知れば、その効果は半減する。したがって、反転授業における教室外学習は教室内授業と同じであるとの評価システムが必要であり、それを考慮した授業デザイン作りが喫緊の課題である。

　筆者もオンライン授業を ZOOM で経験した。ZOOM は対面授業ができるということで大学側も強く「推奨」した。しかし、それは学生がマイクやカメラを「ON」にすることを「前提」にしたものである。ところが、実際、多くの学生は両方とも「OFF」にして「沈黙は金なり」と素っ気ないものもいた。同じような悩みを抱く同僚もいたが、学生に ON を強要することは「プライバシー」に関わるのではと躊躇した。ところが、今回の履修生からのフィードバックには驚きのコメントがあった。たとえば、「ZOOM を使用した同期型オンライン授業の強みは、チャットや音声通話を通して先生－学生・学生－学生のやり取りがリアルタイムで可能なことです。」としたうえで、チャットの問題を解決する 2 つの方法を提案した。「1 つは、学生のカメラ ON を義務付けた上で、音声での応答をメインとし、チャットはあくまで補助とする。2 つ目は、ZOOM の標準機能である『挙手ボタン』を押した学生を先生が当て発言権を与えるというものです。これで学生の授業参加率自体も上がると考えます。（男子院生）」まさしく、授業改善は学生から学ぶ（"Learning from Students"）ということである。

おわりに──アメリカの事例から学ぶ

　新型コロナウイルス影響下で対面授業にするか、オンライン授業にするか、

それとも二つを併用したハイブリッド型授業にするか、各大学、各地域、そして各国においても対応が分かれている。したがって、これがベストという選択肢はない。それでは、新型コロナウイルス脅威が過ぎ去るまで指をくわえて傍観するというのか。そこで参考になるのが、アメリカの事例である。

　周知のように、1995年ころ、アメリカを中心に「学習パラダイム」への転換の旋風が巻き起こった。伝統的な「教育パラダイム」からの転換を迫ったものである。「パラダイム」とは、『広辞苑』によれば、「時代に共通の思考の枠組み」とあるように、それを転換させるエネルギーは、教育の分野における今次の新型コロナウイルス脅威にも匹敵する。アメリカの大学では、これをCTL（Center for Teaching and Learning、教育・学習センター）を充実することで乗り越えることに成功した。それまでは、CT（Center for Teaching, FDのこと）であったものに、新たにLearningを加えた。ポストコロナ時代に対応するにはFDではなく、CTLのような「教育・学習センター」の設置が欠かせない。なぜなら、この「危機」は大学全体で乗り越えなければならない緊急事態であるからである。

　2008年、大学設置基準の改定にともない、FD（Faculty Development）が義務化され、各大学でさまざまな研修が行われた。これは教員を中心としたもので、「学習パラダイム」に対応しなかったどころか、世界の動向に「逆行」していたことが明らかである。いまこそ、学生のEngagement（関与）を取り込むための議論を大学全体で共有する必要がある。そして、大学における「CTL義務化」を推し進めることが国の喫緊の課題である。

8章　世界の学校教育はどこに向かっているのか

I　世界の大学改革の潮流

論考 21) FD とは継続的な改善──アメリカの FD の過去・現在・未来

はじめに

　帝京大学学修・研究支援センター設立記念として 2018 年 6 月 16 日八王子キャンパスのソラティオスクエアにおいて、「学習パラダイム」提唱者ジョン・タグ博士と授業設計第一人者ディ・フィンク博士をアメリカから招き、国際シンポジウムを開催した。最初のフィンク博士の講演はアメリカにおける FD の過去・現在・未来についてであった。

なぜ、ＦＤが必要になったか

　大学ポストに就く教員は、大学院で研究した後、教壇に立つことが多い。大学院では多くの研究指導がされるが、どのように教えるかについては十分な指導がなされない。したがって、指導教官や先輩の教授法を模倣することが多い。しかし、大学に採用されると研究も教育も担う。すなわち、新任教員には教える準備が十分できていない。たとえば、医学部においては、過去の症例は通用しない。何か新しい実証的研究にもとづいたものでなければならない。今回、飛行機で来日したが、機内で安心して過ごせたのは、パイロットが厳しいトレーニングを受け、安全のために十分な訓練を受けていることを知っているからである。同じような視点で、大学教育でも FD が重要と考えられるようになった。

　アメリカで最初に FD プログラムがはじまったのは、1970 年代に大規模な州立大学においてであった。多くの親が子どもを大学に送ったが、研究だけが重視され、十分な教育を受けさせていないとの批判が発端であった。大学側は、教員には十分な研修を受けさせ、他の大学よりも優れていると反論した。

近年の動向

　フィンク博士がいたオクラホマ大学では、1980 年ころまで教員研修は個別コンサルティングが中心で、時々、グループのワークショップで教授法やアクティブラーニングや評価方法などをサポートした。彼のオクラホマ大学で教員に最も人気があったのが、「ファカルティ・ランチ」と呼ばれるもので、ランチを持参して授業の悩みを共有するというものであった。驚くことに、互いに話し合ってみると、同じような悩みを抱いていることがわかった。教員の役割は指導することではなく、グループでの議論をリードしてファシリテータになることである。1975 年には FD に関する組織的な団体である POD ネットワークが設立された。近年では学部での問題をサポートすることが有益であることがわかった。なぜなら、認証評価機関で到達目標を明確にすることが求められるようになったが、学部での到達目標をどのように立てれば良いかわからないとの要請があったからである。そこで学部に出かけてカリキュラムサポートをはじめた。

　もう一つのエキサイティングな取組みは約 10 年前、FD 研修のための修了証プログラムがはじまったことである。過去にも FD 研修はあったが、これまでのものとは違った。それはワークショップをパッケージ化したものであった。たとえば、ミネソタ州セントポールでの POD ネットワークとの共催プログラムでは、3 年〜 4 年未満の教員を対象に、1 週間の初任者教員研修プログラムをはじめた（注：これは "2009 Institute for New Faculty Developers, Held in Saint Paul, Minnesota, June 21-26, 2009" を指すもので、筆者も参加した。その時の基調講演者がジョン・タグ博士であった）。8 つの異なるワークショップが提供された。たとえば、小グループの使い方、学習評価方法、インストラクショナル・テクノロジの使用法、多様な学生への対応などであった。参加教員は、その中

から6つのプログラムを修了しなければならなかった。また、それぞれのワークショップで、外部評価者から内容や活動についてのフィードバックやコメントを与えられるというユニークなものであった。さらに、ワークショップで学んだアイデアを自分の大学に持ち帰り、授業で実践して、そのデータを収集し、学生や学習にどのようなインパクトを与えたか、実証的な研究成果を参加者と共有する、いわゆる SoTL (Scholarship of Teaching and Learning) へとつながった。

　ここ数年は、小規模ではあるが、新たな教室棟を建設する動きが見られる。これはアクティブラーニング兼用棟のことである。従来の教室設計は、教員と学生が向き合い、学生同士は後ろ姿しか見えない授業形態が多かった。これでは能動的でエキサイティングな学習など望めない。この新しい教室棟の特徴は机と椅子が可動式であること、小グループで議論できる設計であること、そしてインストラクショナル・テクノロジを備えていることなどである。さらに、アクティブラーニングを促すために、側面ホワイトボードを活用するようになった。書くスペースを作ることで、学生のアイデアを「見える化」するために有効である。これは教員研修の場合も同じである。ホワイトボードがなくてもテーブルにコンピュータ・スクリーンを取り付けて、ノートパソコンをスクリーンにつなげ、互いの意見を共有することができる。これらの特徴は自分のアイデアを可視化し、仲間と共有することで、自己発見につながるというものである。

アクティブラーニングの興隆

　アメリカは FD を 40 年間も実践している。この間の歴史を振り返ると、1970 年代および 80 年代にはとくに優れた教授法に関する文献はなかった。その中で心理学教授ウィルバート・マッキーチ (Wilbert J. McKeachie) の『ティーチング・ティップス』(1978 年) は画期的であった。しかし、この時代のティップスは、「より良い講義者」になることが前提であって、学生とのアイコンタクトの取り方とか、机間巡視とか、顔の表情を豊かにするとか、声に変化を持たせるなど、より良い講義者になるためのティップスに過ぎなかっ

た。すべてのことが、1991年に一転した。この年にアクティブラーニング
という本が刊行された (注：これは、ジム・アイソン共著『アクティブラーニング
―教室の興奮を創る (英文) (Active Learning: Creating Excitement in the Classroom)』(1991
年) を指す)。この本の特徴は、教員のすることだけでなく、学生のすること、
学生が振り返って考えることに焦点が当てられたことである。すなわち、講
義ではなくて、学生をアクティブラーナーにすることであった。この本を契
機に、教授法に関する書籍が爆発的に刊行されるようになった。たとえば、
1990年以降、新しいアイデアとして、「意義ある学習分類」、「深い学び」、「批
判的思考」など、学生の学びに焦点が当てられた。また、学習経験にもとづ
いたコースデザインでは、統合的コースデザインや教授戦略としての TBL
や PBL が注目された。また、学びがどのように起こるかの書物も刊行された。
優れたアクティブラーニングに関する書物も出た。学生の学習に関する「ア
セスメント」では、"Educative Assessment"という表現が使われた。これは「教
育的評価」のことで、学生の立場に立ったアセスメントのことである。すな
わち、学生が何を学んだかを評価するのではなくて、学生の学習過程をアセ
スメントして、次につなげる教育的評価である。

パラダイム転換――教育から学習へ

「学習パラダイム」に関する論文が 1995 年に出版された。はじめてこの論
文を読んだときは、パラダイム転換がどうして意義あることなのかよく理解
できなかった。なぜなら、ティーチングもラーニングも共に重要で、コイン
の表裏と同じではないかと考えていたからである。しかし、何度か読み返す
うちに、これは新しい動向で、ジョン・タグ教授の主張は正しいと理解でき
るようになった。これまでの「教育パラダイム」は、授業の最後に教員の立
場から授業を振り返り、うまく行ったか、あるいは普通だったかを判断した。
その判断基準は、次の二つの質問をすることであった。一つ目は、教えたコー
スについて十分な知識を持っていたか、二つ目は、教員の知識を学生に効
果的に伝えられたかであった。この二つの質問に対して「イエス」と答える
ことができたならば、授業は成功であったと判断できた。しかし、「学習パ

ラダイム」では、この二つの質問だけでは不十分である。二つの質問に加えて、この授業で学生たちがどのようにうまく学ぶことができたか、学生が学べたのは教員がいたからなのかということである。教員がうまく教えないにもかかわらず、学生が学ぶこともある。これが、パラダイム転換の意義である。すなわち、学生が自ら学ぶというもので、このような考えはこれまでの学びの概念を根底から覆した。教えることが重要ではなくなった。最も重要なことは学生の学びの質と量である。これが「学習パラダイム」の意味である。教員が教えるのは手段に過ぎない。教員が教えるときに心がけることは、学びの「質」を高めることである。

　さらに重要なことは、「継続的な改善」という考えである。これは日本企業の有名な活動目標である。アメリカはこの考えを日本から学んだ。教員の最終目標は、「良い教員になることではない」と聞いたら、ショックを受けるかも知れない。なぜなら、誰しも「良い教員」になりたいと思っているからである。しかし、教員の最終目標は、「良い教員ではなく、数年先に、今日よりも、より良い教員になる」ことである。すなわち、「継続的な改善」が求められる。もし、学生の学びに大きな改善を望むならば、教員のティーチングにも大きな改善が求められる。したがって、教員は常に新しいティーチングを継続的に学ぶ必要がある。これが結論である。したがって、アメリカや日本のみならず、世界の大学には強力な FD プログラムが必要である。

おわりに

　21 世紀の複雑な社会においては高等教育が不可欠である。そこでは、「質の高い」教育が必要になる。他者とのコミュニケーションや継続的な学びの手法を取り入れる必要がある。統合という考え方が重要になる。すなわち、大学だけの学びだけではなく、社会とのつながりという視点が必要になる。そのためには、新しいことを学ぶための「学び方を学ぶ」必要である。教員はカリキュラムを作り、授業をするが、学生が拒んだらうまくいかない。両者がイノベーションを求めて変革しなければならない。したがって、日本には強力な教員開発のための FD プログラムと、強力な学生開発のための SD

プログラムが必要であると結んだ。

論考22）「SoTL 学識研究」への誘い ——ファカルティ・ラーニング・コミュニティの形成

　昨年、京都大学を退職した溝上慎一元教授が、『大学生白書2018—いまの大学教育では学生は変えられない—』（東信堂、2018年）というショッキングなタイトルの著書を刊行し、2018年9月25日に日本記者クラブで記者会見を行った。周知のように、2008年、大学設置基準改正で FD が義務化された。結果的にみれば、過去10年余り、FD は大学改革に貢献しなかったことになる。なぜなら、この改正には構造的欠陥があった。それは、FD 義務化が担当教員に対してではなく、大学に対して行われたため、大学間で格差が生じ、FD の重要性が末端の教員まで周知できなかったからである。アメリカにおける FD の歴史を顧みれば、日本が2008年に FD 義務化に踏み切ったとき、アメリカは FD に代わる次世代型 CTL（Center for Teaching and Learning, 以下、CTL と略す）に舵取りをした。当時、アメリカでは FD という言葉は「禁句」で死語と化した。

　FD の後、CTL そして最近は Scholarship of Teaching and Learning, SoTL（ソートルと呼ぶ。以下、SoTL と略す）という考えが広がった。この Scholarship の日本語訳は多岐にわたるが、本稿では、学問分野における「学識」と定義づける。

アメリカ FD の過去・現在・未来

　2018年6月16日、帝京大学学修・研究支援センター開設記念シンポジウムでディ・フィンク博士がアメリカの FD の過去・現在・未来について講演した（詳細は、論考21）「FD とは継続的な改善—アメリカの FD の過去・現在・未来—」『教育学術新聞』第2741号を参照）。FD 発祥国アメリカでは絶え間ない努力が払われた。とくに、1995年を起点とした「学習パラダイム」後は、SoTL という考えが普及した。

　SoTL が高等教育で普及するようになった過去20年、大きな変化が見られた。まず、教員が学生の学習に関心を持ちはじめ、批判的に分析・研究する

ようになり、学生への積極的な「関与」が露わになった。そこでは、証拠（エビデンス）にもとづく（Evidence-Based Teaching and Learning）調査研究が主流になり、研究成果を公開することが一義的となった。

　SoTL は日本国内でも取り組みが行われるが、SoTL とは何か。これまでの教育学術研究とどこが違うのか、どのように関連しているのか。どうすれば、SoTL（教育・学習の学識研究、以下 SoTL 学識研究と略す）といえるのかが不十分である。したがって、教育学術研究（Scholarly Teaching）と SoTL 学識研究の関係も明瞭でない。

教育学術研究と SoTL 学識研究の関係

　筆者は、後述の Lilly Conference に参加し、Milton D. Cox 博士（以下の写真）のワークショップに出席、彼への単独インタビューをもとに、SoTL 学識研究について調べたので、その一端を以下に紹介する。

Milton D. Cox 博士

　両者の関係については、この分野の専門家の間でも意見が異なる。たとえば、両者を峻別すべきでなく、互いに関連すると主張する研究者もいる（詳細は、イーロン大学の動画 https://www.youtube.com/watch?v=eedxoj1CPnk を参照。）。これを以下の**図 8-1**「教育学術研究と SoTL 学識研究の継続的サイクル」を用いながら説明する。それは、高等教育におけるティーチングとラーニングの基礎知識に関する参照文献の収集から出発し、そこに戻る継続的サイクルである。具体的には、学習に関連した問題提起の文献調査からはじめ、プロジェクトをデザインし、問題解決の証拠（エビデンス）を収集する。そこでは、比較基準値にもとづいて参照文献との比較考察を行い、これまでの研究との違いをアセスメントした後、SoTL 学識研究に値するかどうか判断する。その結果を踏まえて、発表や刊行のためのプロポーザルを提出し、ピアレビュー（同僚評価）で認められれば、SoTL 学識研究の公式大会 Lilly Conference での発表が許可される。すなわち、SoTL 学識研究として認められるには、「ピアレビュー」が重要条

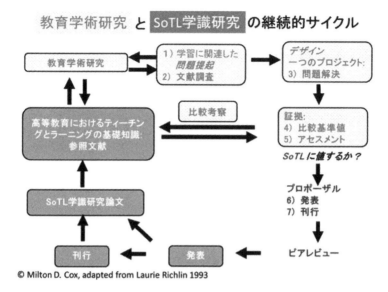

図 8-1　教育学術研究と SoTL 学識研究の継続的サイクル

件になる。

　SoTL 学識研究に認証のようなものはない。なぜなら、研究者の学問分野における「学識」を証明するに過ぎないからである。SoTL 学識研究者は、参照文献研究者（Referenced Scholar）となる。したがって、参照文献に掲載されることが認証となる。学界でも論文数でなく、引用数で評価するように、参照文献への掲載が SoTL 学識研究者につながる。換言すれば、スカラーシップとは、参照文献に列挙された「学識経験者」ということができる。

　後述の Lilly Conference の発表に限らず、カナダの STLHE 学会などにおいてもティーチングやラーニングに関するプロポーザルが認められ、ピアレビューを経て刊行された研究であれば、SoTL 学識研究と呼ぶことができる。すなわち、多様なチャネルを通して、SoTL 学識研究者として貢献できる。数学や歴史などの学問分野における SoTL 学識研究者が多いが、Cox 博士は学際的分野の SoTL 学識研究者の育成を目ざしている。

ファカルティ・ラーニング・コミュニティーと Lilly Conference

　SoTL 学識研究への「橋渡し」として注目されるのが、ファカルティ・ラーニング・コミュニティ（教授学習実践共同体）と呼ばれるもので、オハイオ州マイアミ大学 Cox 博士の教育革新センター（Center for Teaching Excellence）にある。これは 40 数年の歴史を有し、SoTL 学識研究の発表・刊行の機会を提供する Lilly Conference と活動を共にしている。Lilly Conference の名称は、1979 年初期のアイデアがイーライ・リリー（Eli Lilly）と彼の会社からの支援を受けたことに由来する。ファカルティ・ラーニング・コミュニティーとは、8 〜 12 名の学際的教授陣からなり、教授、大学院生および管理専門家のミックスである。そこでは 1 年間の共同研究を行い、3 週ごとにプロジェクトにもとづき、グループ活動を行い、SoTL 発表のための共同セミナーが開かれる。2018 年 11 月の Lilly Conference では、SoTL 関連の発表が 66 セッションあった。

SoTL とボイヤー

　アーネスト・ボイヤーが 1990 年に SoTL を導入したとき、その定義づけに関して混乱があった。マイアミ大学教育革新センターは、SoTL をティーチングとラーニングに関するピアレビューされた発表あるいは刊行物と定義づけた。したがって、クラスルームに関連した取り組みが、SoTL 学識研究の主流と考えられてきたが、いまではそれに限定する必要はない。カリキュラムやサービスラーニングに関する研究も、学生の学習にどのような影響を及ぼすかを研究対象にするものであれば、SoTL 学識研究とみなされる。すなわち、ティーチングやラーニングに関連するすべてが SoTL 学識研究の対象になる。たとえば、初年次教育におけるティーチングとラーニングも SoTL 学識研究となる。統計的・数量的データだけでなく、質的データに裏づけられた研究も SoTL 学識研究の範疇に入る。

ファカルティ・ラーニング・コミュニティーを活用した SoTL 学識研究

　Cox 博士は、ファカルティ・ラーニング・コミュニティーを活用した SoTL 学識研究の促進に 28 年間携わっている。1981 年に、最初の Lilly

Conferences でファカルティ・ラーニング・コミュニティーを活用した SoTL 学識研究に関する大会が、オハイオ州マイアミ大学で開催された。ファカルティ・ラーニング・コミュニティーを活用した SoTL 学識研究の起点が、ティーチング・プロジェクトであったことから、「授業研究」と呼ばれたが、現在は多岐の領域に広がっている。

　なぜ、ファカルティ・ラーニング・コミュニティーが SoTL 学識研究において重要なのか、それは同僚からの批判的なフィードバックが継続して受けられるからである。教員の多くは、SoTL 学識研究者になるには数年を要するので、簡単に SoTL 学識研究はできないとしり込みする者もいるが、「授業研究」は非専門家のために設計されたもので、専門用語を多く使用していないのでわかりやすい。また、プレゼンテーションの経過報告書やフォローアップ・プロジェクトも可能なので、1 年間で SoTL プレゼンターになることができると Cox 博士は筆者に語っている。発表や刊行は、グループでも単独でもできる。

日本におけるファカルティ・ラーニング・コミュニティー・ネットワークの形成

　FD はより良い講義者となるための教員開発であり、SoTL はより良い教育者となり、学生の学びを豊かにする教育開発であると峻別できる。科学的調査によれば、ファカルティ・ラーニング・コミュニティーは、研究を持続可能にすることが明らかである。さらに、同メンバーは、プロジェクトデザインを互いに批判して、早くから議論できるプロセスを踏まえることができる。日本における FD のあり方が抜本的に見直される状況下で、ファカルティ・ラーニング・コミュニティー・ネットワークを形成し、ティーチングとラーニングに関する共同研究を促進し、SoTL 学識研究へとつなげる取り組みは、FD のみならず、SD そして企業内研修にもつながる有効な方法で、時宜を得た提言である。

　アジアでも Lilly-Asia Conference というものが形成され、SoTL の発表が行われている。今年は、5 月 16 日～ 18 日に香港で開催される。

　筆者は 4 月から、IT 専門職大学院・京都情報大学院大学に就任した。こ

れからは FD、そして SoTL 学識研究促進のために IT を駆使して、ファカルティ・ラーニング・コミュニティー・ネットワークづくりに尽力したい。

Ⅱ　リベラルアーツ教育の再考

論考 23）アメリカ東部の小規模リベラルアーツ系大学の輝き（1）
──コロンビア・カレッジ

　2016 年 1 月、アメリカ東部は記録的な大雪に見舞われ、すべての交通機関がマヒ状態に陥った。テレビ報道によれば、豪雪情報が流れると「買いだめ」の客の行列ができ、パンや牛乳などが店頭にない状態が続いているとのことであった。運悪く、この時期にアメリカ東部サウスカロライナ州とノースカロライナ州にあるリベラルアーツ系大学を視察している最中であった。以下、2 回に分けて二つの優れたリベラルアーツ系大学の取り組みを紹介する。

　最初は、コロンビア・カレッジという小規模なリベラルアーツ系女子カレッジである。リベラルアーツ・カレッジは一般的に学生数が 1000 人規模のものを指す。1000 人規模であるために教員と学生の比率が低く、大半のクラスが 30 名以下の少人数である。なぜ、1000 人規模なのかをある学長に尋ねたことがある。それは学長が学生のファーストネームを覚えられる数であるとの返答であった。このような小規模キャンパスは家族的な雰囲気が漂い、どこで会っても挨拶が交わされる。コロンビア・カレッジは、2016 年12 月に帝京大学高等教育開発センターに招聘してワークショップと講演会をしてもらったラーニング・ポートフォリオの権威者として著名なジョン・ズビザレタ教授の本務校である。彼は、このカレッジで Director for Faculty Development & Honors Program を兼ねている。両者には密接なつながりがあるという。彼によれば、オナーズ・プログラムは優秀な学生のためのプログラムであるので積極的な学生が多く、「対話」を中心としたゼミ形式の授業が 1 年次から実践されている。したがって、オナーズ・プログラムでは FDにつながる多くの取組みが行われる。ズビザレタ教授は、「オナーズ・プログラムは FD の実験台である」と位置づけている（詳細については、近刊、雑誌

『主体的学び』4号（東信堂）のズビザレタ教授と筆者の対談を中心にした論文「ジョン・ズビザレタ教授とアクティブラーニングについて語る―『表面的な知識』から『深い学び』への転換―」を参照）。

　本稿では、オナーズ・プログラムについて紹介する。オナーズには、オナーズ・カレッジとオナーズ・プログラムがある。前者は、「エリート集団」的なカレッジで教員や学生、そして建物も一般の学生から「隔離」されることが多い。しかし、後者の場合は卒業単位の20〜30単位をオナーズ・プログラムとして指定された科目の中から履修し、残りの100単位近くは、他の学生と一緒に受講するプログラムである。アメリカでは高校からGPAが導入されているので、大学の初年次からオナーズ・プログラムが実施できる。筆者は、日本の大学にオナーズ・プログラムが導入されれば、大学改革の「起爆剤」になると考えている。日本には私立大学の数が多く、多様な学生が在籍している。最近は学生の「学力低下」を憂いてか、多くの大学でリメディアル系の授業にテコ入れし、「ボトムアップ」を大学の「売り」にしているところも少なくない。これでは「大学とは何なのか」という素朴な疑問を抱かずにはいられない。大学は優れた学生の資質を伸ばすところであることを忘れてはならない。コロンビア・カレッジの優秀学生からも過去に、大学の対応に苦情が出され、上層部はその対策の一環としてオナーズ・プログラムを導入したという経緯があるという。

　オナーズ・プログラムの学生の多くがリーダーシップのコースを受講しているので、彼らが他の学生と一緒に授業を受けることで大学全体の底上げに貢献できる。たしかに、リメディアル的な措置も底上げには役立つが、それは大学側が提供するもので学生が必ずしも積極的に参加するとは限らない。しかし、オナーズ・プログラムの場合は、学生同士で切磋琢磨するので効果的であると考えている。筆者も授業でアメリカのリベラルアーツ・カレッジは将来の医者や弁護士の「登竜門」となると説明しているが、厳密には、リベラルアーツ・カレッジのオナーズ・プログラムの学生であることがわかった。

　コロンビア・カレッジのオナーズ・プログラムの学生と大学での学びや教員の授業への姿勢について自由討論をする機会がもてた。

写真：コロンビア・カレッジ オナーズ・プログラムの一部の学生と一緒に

　このカレッジにはベトナムからの留学生が多く在学している。残念ながら、日本からの留学生はいなかった。ベトナムからの留学生によれば、ベトナムには「英才教育」はあるがオナーズ・プログラムははじめての経験であると興奮気味に話してくれた。オナーズ・プログラムの学生から、この授業では教員と学生との間の「質問」と「対話」が重視されていると聞かされた。オナーズ・プログラムを担当している教員は、他の教員よりも積極的で学生との対話を楽しんでいるとのことであった。

　日本では文部科学省の「奨励」もあって、アクティブラーニングが加速しているが、コロンビア・カレッジのオナーズ・プログラムの学生と話していると、「アクティブ・ラーナー（自律的学習者）」を育てているという印象が強かった。

　オナーズ・プログラムは大学教育の「底上げ」に貢献する取り組みであると評価しているが、オナーズ・プログラムの学生は「優秀」というラベルが貼られるので、どうしても他の学生と一緒に行動せず、オナーズ・プログラ

ムの学生だけで「戯れる」という批判の声も聞かれるとのことであった。し
かし、コロンビア・カレッジの場合は違うとのことであった。なぜなら、オ
ナーズ・プログラム学生の選考方法が違うからである。一般的に、オナー
ズ・プログラムは学生の GPA で決められる。これは大学によって異なるが、
GPA3.0 前後が対象者になることが多い。ところが、コロンビア・カレッジ
の場合は、GPA の評価だけではオナーズ・プログラムの学生として当確し
ない。GPA のほかにも大学での学びを省察したポートフォリオの提出や指
導教官からの推薦状にも重きが置かれる。候補者リストをオナーズ・プログ
ラム選考委員会が検討して最終的に判断し、学生宛てに認定書を送付すると
いう手厚い手続きを取っている。したがって、必ずしも GPA の高い「エリー
ト気取り」の学生ばかりとは限らない。人物的にもオナーズにふさわしくな
ければならない。オナーズ・プログラムの学生は授業を履修するだけでなく、
オナーズ・プログラムのためのセミナーやプロジェクトの履修も課せられて
いる。GPA の基準には満たなかったが、他の要素を考慮してオナーズ・プ
ログラムに認定された学生もいるとのことであった。帰途、コロンビア空港
に見送ってもらったとき、ズビザレタ教授の元オナーズ・プログラムの学生
と会った。黒人の彼女は、現在、ワシントン DC で有能な弁護士として活動
していると説明された。彼によれば、GPA だけの基準であったならば、彼
女は該当しなかったかも知れないと話してくれた。アメリカの大学における
手厚い人材発掘の一面を垣間見たようであった。

論考 24）アメリカ東部の小規模リベラルアーツ系大学の輝き（2）　　──イーロン大学

　イーロン大学については、日本の大学経営者なら誰でも知っているほど有
名である。なぜなら、数年前にジョージ・ケラー／堀江未来監訳『無名大学
を優良大学にする力─ある大学の変革物語─』(学文社、2013 年) が刊行されて
注目を浴びたからである。詳細は著書を参照にしてもらいたいが、この大学
を最近訪問したので紹介する。美しい芝生のキャンパスとレンガ造りの建物
としても有名で、校内には写真スポットがいくつもある。これも優良大学に

する戦略の一つである。

　この大学を訪問する契機となったのは、2015 年 9 月に帝京大学八王子キャンパスで開催された POD/Teikyo Collaboration Project 2015 のアメリカの POD ネットワークの当時会長 Deandra Little 博士が同大学 FD センター長を務める大学であったことからである。筆者が最も注目したのは大学名を冠した「Elon 101」という導入科目のことである。これは科目のナンバーからもわかるように新入生が最初に履修する半期のものである。この科目は全教員が担当する「大学の顔」となっている。「Elon 101」のミッションは「学習コミュニティへの積極的な参加者になるために 1 年生をサポートする」というものである。学習目標の一つは、「履修登録、アカデミック要件、社会問題や関心について担当教員とコミュニケーションが取れるようにする」というもので、担当教員がアドバイザーも兼ね、大学 4 年間の学びの設計図を互いに話し合って決めることである。この科目は 100 人以上の教員で担当される。担当者には別途手当てが支払われる。この科目を担当して高い評価を学生からの受けたかどうかが昇進・昇格時に影響を及ぼすというのも驚きである。担当教員スタッフと話すことができた。この科目のためのディレクターのポストもある。「スタッフ」としたのは、必ずしも教員だけではなく、たとえば、図書館員など専門職の職員もこの科目を担当している。なぜなら、「Elon 101」は大学での学びの円滑な移行が重視されているからである。この半期の授業は 20 名程度の討論形式で学ぶことになっている。とくに、印象的であったのは大学の学びが図書館と一体化していることである。図書館長 (Dr. Joan Ruelle, Dean of the Library) にインタビューして館内を案内してもらった。彼女自身も「Elon 101」を担当した経験がある。図書館員が授業を担当して単位を授与することは日本では一般的ではないが、アメリカでは学生の学習を支援する重要な役割を果たしているという。図書館員は大学院で修士号を取得しているので授業を担当し、単位を授与することが可能である。もともと、「Elon 101」は大学 1 年生に 4 年間の学習計画を支援することが目的であるので、図書館員とのつながりはきわめて重要であり、資料検索や論文の書き方などの学習面で役立っている。図書館ではライティングセンターやチューターリン

写真：図書館長と一緒に

グセンターなどを通して学習支援も行っている。

　これまでのように図書館が書籍や読書というイメージは感じられない。図書館長によれば、最近の図書はデジタル化しているのでスペースを有効に利用できると話してくれた。驚いたことに、図書館の一角に学生証をタッチするだけでスターバックスのコーヒーが飲める自動販売機が設置されていた。もちろん、有料である。図書館のどこででもコーヒーが飲めるということであった。学生が本を汚さないかと質問したら、「学生に本を貸し出すことと同じことである」と笑って答えてくれた。

　「Elon 101」だけでなく、イーロン大学の一般教育のカリキュラムは注目に値する。それは、初年次コア科目、教養科目、発展科目の3つのほかに、学際的キャプストーン科目もある。キャプストーンとは学生が3〜4年生のときに最後の仕上げとしてテーマを決めて、イーロン大学で学んだ経験を統合して応用するという科目である。

　（詳細は、http://www.elon.edu/e-web/academics/core_curriculum/ を参照）

　そのほか、体験学習（インターンシップ、実習、留学、サービス・ラーニングなど）

と外国語習得が求められる。高い教養を有するリベラルアーツ系の大学であるが、体験学習も重視していることから、全人教育を打ち出している。初年次コア科目では "Global Experience" "College Writing" "Contemporary Wellness" など大学生としてのライティングが重視されていることからも、図書館の重要性を伺わせる。教養科目では、以下の分野から 2 科目以上を履修する。表現分野では文学、哲学、および美術（芸術、ダンス、音楽、音楽劇場、および劇場）（文学は必修）、文明分野（歴史、外国語、芸術史、および宗教）、社会分野（経済学、地理学、政治学、心理学、ヒューマンサービス、および社会学 / 人類学）、科学 / 分析分野（数学、科学、およびコンピュータサイエンス）（物理的か生物学的実験は必修）。

　そのほかに発展科目がある。教養教育と言えば 1 ～ 2 年に限定されがちであるが、イーロン大学の発展科目では 3 ～ 4 年次用の教養科目があるところがリベラルアーツ系大学の特徴といえる。

　日本では「一般教育」の解体後、専門教育の「前倒し」が顕著で一般教養の領域が侵されている。これでは専門学校との垣根が曖昧である。大学が大学たる所以は教養教育でなければならない。大学ではディプロマポリシーが叫ばれているが、専門分野における到達目標を羅列したものに過ぎない。私立大学に限らず、大学には理念があり、それが反映されたディプロマポリシーであることが望ましい。したがって、イーロン大学の発展科目のように、教養教育を 4 年間通して行うことは注目に値する。

　コロンビア・カレッジやイーロン大学のリベラルアーツ系大学は 4 年間を通して教養教育が徹底されている。教養教育の真髄は、批判的思考力、鳥瞰図的な視点、洞察力、柔軟性など汎用的能力と呼ばれる資質が求められ、大学での学問はもとより、社会に出て活躍する上で重要な要素となる。日本でもその重要性に鑑み、汎用的能力が注目され、評価のためのルーブリックもある。しかし、汎用的能力を育成するために批判的思考力だけを取り出して教えても身につくものではない。汎用的能力は授業を通して培われるものであることをイーロン大学関係者との話し合いから学んだ。

Ⅲ　「大社」(大学と社会)連携

論考 25) 大学と社会の連携──インプットからアウトプットへ

はじめに

　学びにはインプットとアウトプットがある。日本の学校は、これまでインプットに偏った教育を行ってきた。その結果、偏差値至上主義を生み、受験競争が過熱した。しかし、IT が普及し、2045 年には AI（人工知能）が人間を凌駕する時代が到来するとの危機感から、このままで良いのか疑問を抱くようになり、学びとは何かを真剣に考えるようになった。

　筆者は、日本の大学が「入口」にあたる「高大接続（連携）」の不毛な議論に終止符を打つべきだと考えている。大学が議論すべきは、「出口」にあたるアウトプットとしての大学と社会の連携（大社連携）でなければならない。

　大学に問われるべきは、偏差値の高い学生を入学させ、研究の「合間」に授業をすることではない。これからは 4 年間の学生の「のびしろ」を測る「説明責任」が問われる。それが AO 入試を導入した所以である。

　このような日本の大学では、社会や世界で通用しない。社会ではインプットよりもアウトプットが評価される。なぜなら、アウトプットが生産性につながるからである。

小出監督の選手の育て方

　アウトプットを重視する考えはスポーツ界においても同じである。なぜなら、結果がすべてであるからである。陸上女子長距離の指導者として、2000 年シドニー五輪マラソン金メダル高橋尚子選手ら数々の名選手を育成した小出義雄監督が 2019 年 4 月 24 日に死去した。80 歳だった。シドニー五輪マラソンで高橋尚子選手が金メダルを獲得し、監督に抱擁する姿が脳裏に焼き付いている。小出氏の指導法は破天荒であった。どのような指導法だったのか、訃報報道の紙面から紹介する。Yahoo ニュースは、4 月 25 日付の THE PAGE 記事「豪快で繊細。命がけで選手を守った故・小出義雄氏の指導哲学」と題

した記事を配信した。同紙によれば、「選手を褒めて、おだてて、やる気に
させて、自信をつけさせるのが、小出流の人心掌握術だったが、その言葉を
上滑りさせないのは、小出さんが、いつも選手を命がけで守る人だったから
だ。」と記されていた。「人心掌握術」とは的を射た表現である。さらに、「『押
し付けたって人は伸びないのよ。面白いな、楽しいなと、指導者も一緒になっ
て楽しむこと。マラソンのトレーニングなんて命を削るようなものなんだか
ら。駆けっこは、面白いな、楽しいなって思わないと、やらす方だってやっ
てられない。根性は大事だけど、日本の教育って、そういうところが、ちょっ
と抜け落ちているよな』」と述べ、「今の社会に必要な教育哲学」について語っ
た。

　彼の指導哲学は相手を観察し、その人の良さを「引き出す」指導方法である。
すなわち、アウトプットを重視した。この指導方法だと、無限の可能性を引
き出すことができる。筆者は、大学院で IT 関連の授業を社会人大学院生に
教えている。多くの留学生もいる。成熟した社会人学生が相手である。彼ら
にとってはインプットよりもアウトプット、さらには商品化につながる「学
び」が最優先されることは言うまでもない。

産学連携による人材開発の重要性

　2019 年 3 月 5 日、公益社団法人私立大学情報教育協会主催「第 10 回産学
連携人材ニーズ交流会」が開催された。これまで文系の大学で教鞭を執った
筆者には貴重な機会で、これから IT の大学院で教えるには重要な情報だと
思ったので参加した。開催趣旨によれば、「近未来には、IoT、ビッグデータ、
人工知能（AI）、ロボットなどによる第 4 次産業革命が進展し、分野が融合し
て新たな社会的価値や経済的価値を生み出す様々な分野でのイノベーション
が求められています。このような社会の変革に向けて大学教育はどのように
対応していくべきでしょうか。そこで、今回は産業界から価値の創造に繋げ
られる人材育成の在り方について、指摘や提案をいただくとともに、オープ
ンイノベーションによる価値の創造に向けた教育モデルの実現について意見
を交換した。」と記されている。

　発表者の一人、野村典文氏(伊藤忠テクノソリューションズ株式会社ビジネス開発事業部長)は、「超スマート社会に求められる人材育成(産学連携による教育イノベーションの提案)」と題して、以下のように話された。

　「超スマート社会(Socety5.0)と言われる社会ではリアルな『もの』や『サービス』を『デジタル化』することで新しい事業価値が生み出され、文化、産業、人間のライフスタイルを一変させていくことが予測されている。そのような社会で求められるコンピテンシーの要素は、『データに基づく意思決定』、『ビジネスへの先端技術の適用』、『社内外の有識者とのコラボレーション』、『顧客体験のデザイン』である。その人材育成には、産学連携によるプラットフォームを設け、『企業の実データによる実践的授業』、『デザイン思考・アート思考を取り入れた大学・企業によるプログラムの開発』をバーチャルの場で実践する仕組みが必要となることから実践例を含む提案が紹介された。なお、産学連携の教育に資金をどう捻出するかが課題として指摘された。」

　(出典：http://www.juce.jp/sangakurenkei/event/houkoku10.html)

論考 26)　社会に通用するアクティブラーニング（その 1）
──シンガポールの大学　シンガポールマネジメント大学

はじめに

　最近、世界の大学ランキングが公表された。日本を代表する東京大学が昨年の 39 位からランキングを上げて 34 位になったと有頂天になっているが、同じアジアのシンガポール国立大学(NUS)は 12 位、南洋理工大学(NTU)は 13 位と日本を大きく引き離した。その結果、世界中の目が小国シンガポールに注視された。シンガポールには 5 つの国立大学がある。2016 年 10 月 24 日〜 25 日に、その中の二つの大学を視察して関係者にインタビューした。

　日本人が長い間、「発展途上国」と考えていたシンガポールの大学が大きく変貌している。シンガポールは世界の高等教育界において「東洋のボストン」になることを目指し、2018 年までに留学生 20 万人を受け入れることを国策としている。人口 400 万人ほどの小国が 20 万人の留学生を受け入れる

ことは、日本の人口に換算すれば、実に 600 万人の留学生を受け入れること
に匹敵する大事業であり、いかに野心的な計画であるかが明白である。実際
に、キャンパスを訪れると多様な留学生で活気にあふれていた。多様な人種
が活発に相互交流することで「化学反応」を引き起こす。それだけではない。
この国は「ワールド・クラス大学（WCU）」の誘致・連携と海外キャンパスの
設置にも意欲的である。発展の大きな原動力となっているのが、従来の伝統
的なイギリス教育からアメリカ教育への転換にある。

「大社連携」の重要性の再認識

シンガポールではアクティブラーニングが社会に浸透している。日本で
は 2020 年の学習指導要領から初等中等学校にアクティブラーニングを導入
することになっている。しかし、日本では、アクティブラーニングを「学習」
するものとの考えが強いため、社会に出た後にアクティブラーニングが十分
に発揮されていないように思われる。何のためのアクティブラーニングなの
か、疑問を抱かずにはいられない。社会に通用するアクティブラーニングが
強く求められる所以である。現在、大学は「高大接続」に重点が置かれ、肝
心な「大社連携」、すなわち、大学と社会のつながりが十分に考慮されていない。

シンガポールマネジメント大学（SMU）

SMU は新しい大学で、その名の通り、マネジメント（経営学）などのビジ
ネスに特化した大学でシンガポールの中心地にある。シンガポールは、伝統
的にイギリスの影響が強く、イギリスモデルが多いが、SMU はアメリカの
ウォートン・ビジネス・スクールをモデルに設立された新しい大学である。

SMU-X とは

SMU の中に SMU-X というプログラムがある。SMU-X のキャッチフレー
ズは、"Bridging Academia and Practice" を標榜するものである。"Academia（ア
カデミー）"とは大学のこと、"Practice（実践）"とは企業のことである。両者の
架け橋が"X"で象徴されるのが SMU-X である。X とは"Experience"や"Expert"

のことで、在学中に学生に社会経験を積んで実社会に送り出すものでインターンシップにも似ているように思われるが違う。これは、教員・企業・学生が一体となってカリキュラム、プロジェクト、就活までが連続して行われるものである。たとえば、大学は企業からプロジェクトを受けて一緒に研究成果を追求する。SMU-X の "X" とは教授法 (The Way of Teaching) のことである。SMU-X では、アクティブラーニングやコラボラティブラーニングの技法を使って学習者中心の教育を行っている。現在、この "X" を担当する教員と通常の講義およびゼミを担当する教員に区別はない。また、そのための研修も行われない。すなわち、どの教員もアクティブラーニングやコラボラティブラーニングの技法を身に付けていることの証である。SMU-X では、一つのプロジェクトを取り上げて学内で教授・学生・企業が一緒になって解決している。企業担当者がメンターリングを行うことで、解決策がより企業の求めるものになるという特徴がある。プロジェクトを通して、企業は有能な学生をリクルートできる。さらに、学生はフレッシュなアイデアを企業に持ち込むことができる。企業には自分の会社のことは熟知しているが、柔軟性に乏しいところがある。学生は企業の求めに対して知らないことも多いが、逆に、企業に対して素朴な疑問を投げかけることで新たな視点を見出すというメリットもある。若い学生の考えは、企業が直面する若い世代のクライアントの獲得につながるメリットがあり、新しいマーケティングの開発になる。

　以下の**図 8-2** は、SMU-X のコンセプトを表したものである。ユーチューブの動画もあるのでそちらも参考にしてもらいたい。

　SMU-X は以下の 3 つから構成される。最初がマインドセットである。これは、学生を中心にコミュニティー・パートナーとして、専門的技術や産業特有の観点を SMU-X にもたらし、トレーニングの知識と多用な視点からのアプローチで、協力して作業ができる。SMU-X では問題に取り組むには、多様な方法があることを理解させる。そして、トレーニングで補われた人的価値に焦点を合わせることで、新しい未知の仕事に挑戦し、学生とパートナーがより良く準備できるようにする。

　次が SMU-X のカリキュラムで以下の特徴がある。そこではプロジェクト

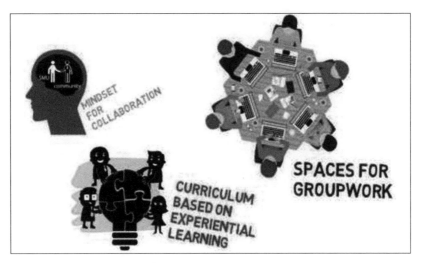

図 8-2　All about SMU-X

出典：https://youtu.be/rhl-cOckEIA

に重点が置かれ、経験学習に基づくアカデミーを結合させる。さらに、トレーニングの知識と技能を活用して、学際的アプローチでグローバルな問題と課題に取り組むことのできる有能な学生を育てる。企業や官公庁部門とパートナーを組み、パートナーと教授陣が活発なメンターリングにかかわることで、学生にとって最大限の利益が得られる。教室外学習を用いることで、教授陣が世界的な理論と適合でき、パートナーの学習を深め、学生をより良く理解できる。急速な経済状態の変化に鑑み、継続的学習の必要性を学生とパートナーに積極的に教え込むことができる。カリキュラムの目的は、グローバルな問題を解決する際に、新しい技能を習得して、その知識を適用するために学生を動機づけることである。これは、雇用者に評価される技能を学生に身に付けさせるもので、学生の履歴書と産業ネットワークを確立して 21 世紀の技能と価値を浸透させてグローバル市場での学生のエンプロイアビリティを高めることにつながる。

　最後がスペースである。ここでは物理的なスペースが重要で、SMU-X の学生はプロジェクトにかかわり、教室外時間に大部分を費やすことになる。

このようなスペースの考えは、これまでの SMU に欠けていたという。

　SMU に限らず、シンガポールでは、大学は知識を授けるところではないとの認識が強い。知識は学生が自ら習得するものであると考えている。大学とは学んだ知識を「応用」する場所である。したがって、学生は、実社会につながるプロジェクトを遂行するために情熱を燃やしている。その証拠に大学のキャンパスは 24 時間開放され、24 時間飲食ができる場所が確保されている。仮眠のためにスリーピング・バッグを持ち込む部屋もある。寸暇も惜しまず、学ぶという姿勢は日本の 1960 年代を彷彿させるものである。

論考 27）社会に通用するアクティブラーニング（2）
——シンガポールの大学　デューク・シンガポール国立大学医学部

　この大学は名称の通り、アメリカのノースカロライナ州の名門デューク大学医学部とシンガポール国立大学がドッキングして新たに設立された医学部である。この大学が世界的に注目されるようになったのは、医学部で採択されている教授法にある。日本の医学部と同じように、ほとんどの医学部はPBL（問題中心型学習）を採用して講義のみならず、臨床も行っている。ところが、アメリカでは、最近、PBL に代わって TBL（チーム中心型学習）という教授法を導入して注目されている。全学的に TBL を導入して世界を驚かせたのがDuke-NUS 医学部である。(詳細については、帝京大学高等教育開発センターHP 沖永学長とフィンク博士の対談を参照)

NHK「総合診療医ドクター G」のシンガポール版

　Duke-NUS 医学部はアメリカをモデルにしている。したがって、医学部は大学院に相当する。年齢も 22 歳からである。この国では、男子に兵役が課せられ、2 年間、軍隊に出兵する義務があるためか、男子学生が成熟しているとの印象を強く受けた。約 67 名の超エリート医学生は 10 名程度のチームに分かれて、講義やグループ討論を行っていた。ここでの授業の特徴は、NHK「総合診療医ドクター G」に酷似している。特定の病名をチームで推理・議論して診断するというもので、チームとして多角的に検討を加えて結論を

導き出すものでアクティブラーニング手法が終始一貫している。

TeamLEAD という新たな教授法

　机の上には教科書や資料が山積みされ、休息のためのピローが端に置かれているのが印象的であった。学生に、その日の授業のための準備学習にどれだけの時間を費やしたかを尋ねたら、「6 時間」との返答があった。嘘だろうと疑って、他の学生に尋ねたら、「7 時間」とのことであった。このエリート医学生が卒業後、どのようなポストを探しているか尋ねたところ、国の発展に貢献したいとか、へき地医療に携わりたいなどの「優等生」の回答が返ってきた。どの学生も目が輝き、将来の夢に向かって邁進していた。医学生と一緒に昼食をしながら、多くのことを学んだ。

　この大学の最大の特徴は教授法にある。これは、アメリカの医学教育をシンガポールにもたらす必要性から TeamLEAD を革新の柱として導入した。すなわち、Team-based Learning を Duke-NUS 医学部化したものが Team LEAD である。LEAD とは Learn、Engage、Apply、Develop を表したものである。

　大学や企業のニーズに対応するためには、LEAD という考え方が不可欠である。

TeamLEAD at Duke-NUS

出典
https://www.youtube.com/watch?v=BlVPLYGdBLg

スコット・コンプトン博士へのインタビュー

　Duke-NUS 医学部担当者の一人、Dr. Scott Compton は、TBL にはデメリットもあると指摘している。それは、学習のための教材が事前に提供されることである。学生は指定された学習をした後にクラスに出席することになるが、実社会ではそのような準備は少なく、いきなり「課題」が提示される。したがって、TBL のアプローチにはデメリットがあるというのである。たとえば、学生が臨床の現場に直面した場合、教室で行われるような情報が事前に提供されるとは限らない。学生は関連があるのかないのかを瞬時に判断しなければならない。その点では PBL が優れている。なぜなら、PBL は課題や問題からはじめるからである。

　コンプトン博士の説明にも一理ある。しかし、大学は社会に出る最後の教育・訓練の場である。筆者は、大学は「実験の場」であると位置づけている。社会では失敗は許されないが、大学なら許容される。なぜなら、失敗も学ぶ必要があるからである。したがって、事前に課題の教材を与えて学習させることも重要である。余談になるが、『朝日新聞』電子版 (2016年12月21日) は「ノーベル賞の大隅さん、失敗の大切さ訴え　科技相と面会」との見出しで報道している。その中で、ノーベル賞医学生理学賞を受賞した大隅良典・東京工業大栄誉教授が「失敗の大切さ」を訴えたことが紹介された。

　コンプトン博士へのインタビューで印象的であったのは、教室外学習と確認試験の関係であった。たとえば、教室外で学習したことを教室内で試験をして成績に加算することは重要である。試験は厳しいほど良い。なぜなら、易しいと十分な学習をしなくても良い成績を取るので一所懸命に勉強をしない。教室外学習が成績に反映されないようでは、学生は真剣にやらない。確認試験は必ず成績に反映させるようにする。そして、難しい試験が望ましい。試験の重みは 65 〜 75 の間に置かれている。すなわち、学生の成績の平均点が 65 〜 75 点となるような厳しいものを想定している。すべての学生が 95 点あるいは 100 点を取るようでは、チームで何も討論することがなくなる。なぜなら、チームとしての「価値」はディスカッションにあるからである。チームでは多様な意見があり、そのためにディスカッションが期待される。TBL

110

では、教室で授業内容を教えることではないと断言している。

大学での授業改善

コンプトン博士の教室外学習や確認試験のあり方に多大な示唆を受けた。これまで学生の成績評価は学期末試験にウエイトが置かれ、単位制の重要な役割である準備学習が手薄であった。なぜなら、教室外学習を正当に評価し、それを成績評価に加点する方法を見出せなかったからである。したがって、確認試験も形式的なものに終始した。学生からの教室外学習が正当に評価されないとのクレイムに対応できていなかった。

この経験を踏まえて、帰国後、教室外学習および確認試験を大幅に改善した。すなわち、大学の LMS の小テスト機能を活用した。具体的には、小テストを教室外で行わせるのではなく、授業の冒頭で実施するというものである。そのためには、学生が教室内でインターネットに接続できて、LMS にログインできる設備条件が不可欠である。幸い、帝京大学八王子キャンパスのソラティオスクエアにはアクティブラーニング教室が完備され、学生にはアイパッドが用意されている。LMS の小テストを利用すると、正解は自動的に集計され、成績評価に反映される。この方法だと、学生は教室外学習を怠ると、成績不良に陥り、単位を修得できなくなる。これは文部科学省が求める教室外準備学習の結果を可視化するという点でも効果的な方法である。

おわりに

シンガポールも日本もともに資源の乏しい教育立国である。シンガポールには日本にないものがある。それは多民族国家がもたらす多様性である。それが新たな発想につながる。冒頭で述べたように、2018 年までに留学生 20 万人の受け入れを国策としている。さらに、少数精鋭の 5 つの国立大学のために国の管理が行き届いている。国の発展のためにアメリカの名門医学部を誘致し、シンガポール国立大学と合体して Duke-NUS 医学部を設立した。アメリカだけではない。近くには、ケンブリッジ大学との共同施設もある。日本では「落ちこぼれ」が社会問題化しているが、シンガポールでは、徹底し

た厳しい試験で学生を振り落としている。「浮きこぼれ」を出さないように、社会で活躍できる人材を優遇する道が開かれている。

IV　最近のアメリカの大学事情

論考28)　最近のアメリカの大学事情
——入学試験、リーダーシップ、就職

　アメリカ社会は多様な人種からなる合衆国であり、約4000校あると言われる大学も社会のニーズに対応したユニークなものが多く見られる。帝京大学高等教育開発センター長の土持ゲーリー法一教授らは、2月にアメリカ・ユタ州の大学を調査。携帯電話による入学試験カンニング問題や東日本大震災でのリーダーシップなど、日本で起きた問題について、アメリカではどのように対応されているのか、寄稿していただいた。

監視役のいない試験会場

　京都大学など4大学の入試問題がインターネット掲示板「ヤフー知恵袋」に流出した事件で、警察当局は19歳の男子予備校生を偽計業務妨害の疑いで逮捕したとの報道は、社会や大学関係者に大きなショックを与えた。これは、伝統的な試験制度の根幹を揺るがす大事件である。この事件を受けて、どの大学も新たな防止策を講じた。その結果、これまでよりも携帯電話の持ち込みが厳しくなり、『読売新聞』(2011年3月4日、社説)によれば、教室内に妨害電波を出すなどして携帯電話を使えなくする通信抑止装置まで使われだしたという。私の所属する大学でも試験監督官を一人増やし、試験途中にトイレなどで退室した学生が入室する際は、「ボディー・チェック」を行い、携帯電話を所持していた場合は、即刻、不正行為と見なすという注意事項が受験生に繰り返し説明された。この事件の背後には厳しい入学試験の現状がある。不正行為の防止対策だけで事足りるのだろうか。これを機に「試験とは何か」を問い直してみる必要がある。

　ユタ州プロボ市の末日聖徒イエス・キリスト教会(モルモン教)教会教育シ

ステムが経営する私立大学・ブリガムヤング大学のティーチング＆ラーニング・センター（The Center for Teaching and Learning, CTL）を訪問した。この大学は、モルモン教の教えにもとづき、学生、事務職員、そして教職員にはオナーコード（校則）や服装の身だしなみの細かい規則を順守することが義務づけられている。男性は髭を剃り、女性も清潔な服装が守られている。また、コーヒー、お茶、タバコ、お酒、有害な薬物は摂取してならないという厳しさである。

　この大学の CTL 活動の一環として、キャンパス内にテスト・センターがある。これは、全米の大学で最大規模を誇る試験会場で、650 人の学生を収容できる。同センターの主たる目的は、クラスのテストを代行することであるが、全国レベルの共通試験も実施している。クラスのテストの場所を提供することで、学生の講義の時間を使わずに済む。クラスのテストが一時間と制限されるのに対して、2 〜 3 時間をかけてテストを受けることができる。テストの期間も約 3 日間、午前 8 時から午後 10 時までとなっているので、学生の都合に合わせていつでも受けることができる。

　日本の試験事情からは考えがたいことである。誰もがカンニングや不正行為が起こらないのかと心配になる。しかし、同大学はモルモン教の教えにもとづくオナーコード（校則）が厳しく、他人の試験をコピーしたり、逆に、コピーさせたり、替え玉をしたり、試験問題を外に持ち出したりする不正行為を「学問の不誠実（Academic Dishonesty）」として厳しく罰せられる。同センターで見逃してはならないのは、不正行為を未然に防ぐ試験問題を教員が作成できるように CTL と共同でマニュアルを作成していることである。たとえば、「どのようにすれば、優れた試験問題を作成することができるか―大学教員のためのガイドライン」あるいは「選択肢問題を作成するための 14 のルール」などがあり、具体的かつ効果的な事例が多く紹介されている。とくに、重視されているのは、「記憶」に頼らず、「応用」を重視する試験問題を作成するように指導している点である（詳細は、http://testing.byu.edu/ を参照）。

　ここには、「学力」をどのように捉えるかという基本的な考えの違いが見られる。元東京工業大学赤堀侃司氏は、「学力」には「インプット」と「アウトプット」の両面があると述べている（詳細は、拙著『ラーニング・ポートフォリオ

―学習改善の秘訣』東信堂、2009 年を参照）。日本では、「インプット」の側面だけが過剰評価されるため、今回のような事件が起こる。しかし、「学力」には「アウトプット」という側面があることを忘れてはならない。「アウトプット」とは、教員が何を教えたかではなく、学生が何を学んだかが問われるもので、その結果、ラーニング・ポートフォリオのような考えが生まれる。

　アメリカの POD ネットワーク元会長で授業デザインに関する権威者ディ・フィンクは、近刊の翻訳書のなかで、評価方法に関して興味ある指摘をしている。たとえば、時代遅れの評価方法を使う教員は、最近の 4 週間で教えたことを学生に振り返らせ、次のように尋ねる。「私たちは、X と Y と Z を勉強しました。そのことをどれだけ習得しましたか？」と、ところが、将来を考えた評価方法を使う教員は、X と Y と Z について学んだ結果として、将来、学生がどのように生かせるかを期待し、やってほしいことに重点を置いて、たとえば、「人々が、実際に、この知識を使う状況になったと想像してください。あなたは、X と Y と Z の知識を使って、それをどのように生かせますか？」と尋ねるであろう、と述べている（詳細は、D・フィンク『学習経験をつくる大学授業法』玉川大学出版部、2011 年）。まさしく、「アウトプット」が問われる。今回の入試不正行為の悲惨な事件を教訓に、何が真の「学力」なのか、そして「試験とは何か」を問い直す必要がある。

リーダーシップとは

　東日本大震災による壊滅的な状況が連日報道されるなか、菅首相がメディア取材の表舞台に姿を見せないことに関係者から不満の声があがっている。政府によると、東京電力福島第一原子力発電所の事故に専念するというのが理由とされるが、首相のリーダーシップが見えないことに関係者から苛立ちの声が聞かれる。『読売新聞』（2011 年 3 月 24 日、朝刊）は「首相「地震後」姿見えず　関係者から不満の声」の中で、枝野官房長官が 23 日の記者会見で、「（首相は）慌ただしく過ごしている。表に見える形で動くことがリーダーシップとして効果的な場合もあるが、多くの場合は、必ずしも目に見えるものではない」と首相の仕事ぶりを説明したと報道している。この報道は、「リー

ダーシップとは何か」を考えさせるものである。「リーダー」と「リーダーシップ」との違いは、「リーダー」が指導者としての特定の地位を指すのに対して、「リーダーシップ」は、主に指導者として集団の状況に影響を与える力量を指す。したがって、必ずしも表舞台で指揮を取るだけに限定されるものでない。集団の状況に影響を与えるのであれば、どのような形態であってもリーダーシップを発揮することができる。

　アメリカの大学では、この「リーダーシップ」を育てることに重点を置いている。それは、学生が「リーダー」になるためだけでなく、「リーダーシップ」としての資質を育てるためである。「リーダー」は誰でもなることができないが、「リーダーシップ」は地位に関係なく、誰でも発揮することができる。なぜなら、「リーダーシップ」の資質には、責任を持って仕事をする、物事を継続する力がある、様々な経験を生かす、知識に優れている、仕事が機敏である、独自性を持っているなど、大学教育の中でも育てられるからである。すなわち、「リーダーシップ」には、あるときは「リーダー」として表舞台で指揮が取れ、別の場面では、裏舞台で影響力を与えることのできる柔軟性が求められる。

　ユタ・バレー大学(UVU)のリーダーシップ・アドバンスメント・センター(The Center for the Advancement of Leadership) では、大学での学業だけでなく、卒業後の就職も視野に入れたリーダーシップ・トレーニングが行われている。最近の市場状況によれば、十分な知識や優れた成績の卒業証明書だけでは不十分との認識がある。さらに、全米調査でも専門的かつ技術的に優れた能力を有しているとして採用されても、コミュニケーションやリーダーシップ・スキル不足から解雇に至るケースも報告されている。そのため、アカデミック・トレーニングだけでなく、リーダーシップを発揮できるスキルや経験を学ばせることが不可欠だと考えている。同センターには、10のステップを経て、リーダーシップとしての認定書が授けられるプログラムがある。その中は、リーダーシップに関するコースワークだけでなく、コミュニティ・リーダーとのメンターリングや学生の専門分野に関する企業リーダーへのインタビューなども含まれる。また、学生は全プログラムを通して、ポートフォリ

オの作成が義務づけられる。認定書の授与は、成績表や卒業証明書に記載され、同センターから推薦状をもらうことができ、就職先や大学院進学に有利に働く。それらのすべてがポートフォリオのドキュメントとしてファイルされる。同センターのカーク・ヤング（Kirk Young, Interim Director）氏に専門的な立場からの意見を聞いた。

　すべての学生はリーダーシップとしての資質を有し、大学や社会に貢献できる潜在的な能力を有している。それらの可能性を引き出すのが同センターの任務であり、そのために学生のニーズに合った多様なプログラムを提供している。プログラムにはリーダーシップに関する原理や理論など基本的なコースのほか、学外において実践的なリーダーシップ・トレーニングが行われる。GPA は 2.75 以上と高くはないが、多方面からの活動を総合的に評価して認定書が授与される。現在、約 170 名の学生が登録し、約 70 名に認定書が授与されている。学生数は、約 3 万 2000 名なので、もう少し増やしたいと述べている。すべての認定授与者が、組織のリーダーになるわけではないが、状況に応じて、リーダーとしての役割も発揮できるように、「リーダーシップとは何か」について学ばせ、ヤング氏も原理や理論に加えて、対人関係コミュニケーション論を教えている。

　「リーダーシップ」には、独自の才能と技量があり、状況に応じて発揮することが求められる。同センターでは、学生の独自性と最善のスタイルに気づかせ、効果的に影響力が発揮できるようにトレーニングしている。しかし、多くの場合、自分にどのような資質があるか、どのような場面で発揮すれば良いかわからない。そのため、他のリーダーを真似たりするが、不自然でうまくいかないことが多い。リーダーシップ・トレーニングの授業では、「フォロワーシップ（リーダーに従う能力や資質）」についての概念を学ばせている。たとえば、大学や企業において成功しているチームを見ればわかるように、フォロワーはリーダーと同じように重要な役割を果たしている。そこでは、単に、リーダーの指示に従っているだけでないことに気づくはずである。リーダーがどんなに優れていても、フォロワーが機能していなければ、効果的なリーダーシップは発揮できない。このように、リーダーとフォロワーは

不可分の関係にあり、互いに同じ目標や方向に向かっていなければ十分な効果は得られない。

　人は、リーダーとフォロワーの資質を状況の変化に応じて使い分けることが重要である。たとえば、リーダーシップについても一面からしか見ない傾向があるが、別の側面からも見る必要がある。彼の授業では、アメリカンインディアン酋長として有名なシッティング・ブル (Sitting Bull) を例題にあげて説明している。シッティング・ブルは、小さな部落の若い男性で、酋長の指示に従って行動していたが、ひとたび戦争がはじまり、誰かが戦士を率いる状況が生じたとき、彼は率先してリーダーシップを発揮して先陣を切り、リーダーとしての役割を演じて戦勝した。そして、再びフォロワーに戻ったというストーリーである。これは、シッティング・ブルが自分の資質を知り、状況の変化に応じてリーダーシップとフォロワーシップを上手に使いこなしたという事例である。大震災による未曽有の社会混乱の中で、真のリーダーシップのあり方がいま問われているが、日本の大学でも「リーダーシップ」を育てることに重点を置くべきである。

エンプロイアビリティーは大学で育てられる

　最近の就職難で資格が重視され、大学の卒業証書だけでは差別化できなくなり、卒業後に資格を取得するために、専門学校に再入学する学生も増えている。これでは、大学の存在理由がない。大学は社会への出口であり、4年間で学んだことが実社会に生かされなければ意味がない。最近、「エンプロイアビリティー」という言葉を耳にする。これは、「雇用につながる能力」とか「就業力」と訳されるが、これでは「就職に役立つ」即効薬と誤解される。イギリスのバーミンガム市立大学 (Birmingham City University) のルース・ロートン (Ruth Lawton) は、「エンプロイアビリティー」に関する専門家である。彼女は、「エンプロイ」と「エンプロイアビリティー」は違うと述べている。すなわち、「エンプロイが仕事を得ることにあるのに対して、エンプロイアビリティーは、仕事を確保するだけでなく、継続でき、社会情勢の変化に順応できる能力のことである。エンプロイアビリティーを学生に育てるためには、より多

くの職業経験をさせ、自己認識を持たせることで、もし、そのような職業経験ができないのであれば、同じことを教室やカリキュラムで実践させ、学んだことを振り返らせることである」と述べている（詳細は、拙著『ポートフォリオが日本の大学を変える―ティーチング／ラーニング／アカデミック・ポートフォリオの活用―』東信堂、2011 年参照）。

　それでは、大学でエンプロイアビリティーを育てることは可能だろうか。もし、卒業証書とエンプロイアビリティーの育成が同時にできると聞いたら、誰もが驚愕するであろう。しかし、ユタ州の州立大学や私立大学では、卒業証書とエンプロイアビリティーを学生に与えることに成功している。すなわち、経済産業省が提唱する「社会人基礎力」が大学で培われる。

　ユタ・バレー大学（UVU）ホームページに同大学のミッション「エンゲージド・ラーニング（Engaged Learning）」が掲載され、「教育とは『エンゲージド・ラーニング』と同義であり、その考えは教科書、講義および研究論文にも及ぶもので、クラスルームを超えるすべての活動を指す」と定義づけている。これは、学生を積極的に学習に関与させ、社会での成功に繋げるもので、「卒業証書と履歴書の両方の肩書きを持って卒業させる（Graduate with a Diploma and a Resume）」というキャッチフレーズに象徴される。同大学の教育担当副学長アイアン・ウイルソン（Ian K.Wilson, VicePresident of Academic Affairs, Utah Valley University）氏にインタビューした。

　「エンゲージド・ラーニング」とは、学生にラーニング・プロセスに「関与」させるという意味である。たとえば、多くのクラスでは、ケーススタディによる授業実践を行っているが、とくに、ビジネスにおいて顕著である。すなわち、企業の事例を取りあげ、マーケティングに関する課題を与え、グループで共同研究させた結果をもとに、その企業の経営状況や戦略について、教員を企業の社長に見立てて説得力ある議論を展開させるというものである。これは、学生がケーススタディで学んだプロセスを実践に繋げることに役立つ。ほかにも、生物学や化学の教員が実験室を利用するプロジェクト課題を与えて研究させ、学会で発表させたり、共同で刊行したりするものもある。これは、学生を教員と一緒に活動させながら学ばせるもので、優れた研究は

全国レベルで発表させ、奨学金も授与している。まさしく、大学の中でエンプロイアビリティーを育てている。もう一つの事例は、学生にコミュニティに「関与」させるというものである。たとえば、マーケティングのクラスでは、教員が企業に赴いて5名ほどのグループ学生にインターネットのウェブサイトを作成させるように依頼する。学生は、教材をもとに企業のウェブサイトを作る。すなわち、企業は学生から無償のコンサルティングが受けられ、学生も多くの経験を積むことができる。教員は、プロジェクト成果を採点して評価を与える。また、ヒューマンリソース（Human Resources）のクラスでは、学生が州政府や市当局に出かけて人事政策マニュアルを作成するプロジェクトに参加し、教員がそれを評価する。さらに、コーオプ教育（Cooperative Education）というインターシップ・プログラムもある。これは、従来のインターンシップとは異なり、大学が主導的に企業における研修内容の管理運営に関与し、単位が認定されるもので、産学連携型の実践的キャリア教育である。従来のアカデミックなカリキュラムに、学んだ知識の現場への適応・実践を組み合わせることで、批判的思考力の強化を図るものである。企業によっては給与を支払うところもある。この場合、教員は企業の責任者と共同でプロジェクトを監視し、企業の責任者は学生の評価について教員に協力する。すべてではないが、企業はプロジェクトに参加した学生の能力や態度を評価して、正式に採用することもある。同大学には、「エンゲージド・ラーニング」プロジェクトを担当するセクションがあり、実施のために年間40万ドルが教員と学生の共同プロジェクトとして予算化されている。これは研究でも、クラス・プロジェクトでも構わないが、企画提案書が承認されれば、助成金がもらえる。しかし、これは教員と学生との共同プロジェクトでなければならない。

終章　まとめ

Ⅰ　「おわり」は「はじまり」──ポストコロナの新しい学校教育のあり方

論考 29）「新制大学」の終焉 ── 大学はどこへ行こうとしているのか

はじめに──占領軍の舞台裏

　ポストコロナ時代の日本の大学はどこへ行こうとしているのか。筆者は『新制大学の誕生─戦後私立大学政策の展開』（玉川大学出版部、1996 年）を刊行した。これは当時の GHQ/CI&E 教育課長マーク・T・オアなど当事者からの聞き取り調査をもとにまとめたものである。その筆者が「新制大学の終焉」を書いているのも奇異なことである。「終焉」との表現は誤解を招く恐れがある。筆者の真意を説明しておきたい。新制大学の「花形」として登場したのが「一般教育」と「単位制度」であったが、それらが「終焉」したという意味においてである。

　結論から言えば、「新制大学（一般教育と単位制度）」の終焉は「想定内」であった。なぜなら、当初から「砂上の楼閣」に過ぎなかったからである。なぜ、「花形」とまで「称賛」された戦後大学改革の「目玉」が「失墜」したのか、いくつかの要因が考えられる。その一つは、それらが戦前に存在しなかった新しい制度で、アメリカからの直輸入であったため、どのようなものかわからないまま導入したことに起因した。

　もう一つは、日本占領下の「間接統治」がなせる「業」であった。この点は、占領下ドイツの「直接統治」とは異なった。間接統治とは、日本政府を温存して、間接的に統治するもので、占領軍と日本政府の間に「忖度」があった。

　占領軍の敗戦直後の学校教育改革構想には「高等教育」は含まれなかった。これは当時の占領軍スタッフの「力量」を見ればわかることで、オアをはじめとするスタッフは、アメリカの大学院レベルに相当する若者で、一国の教育改革を断行するには荷が重すぎた。彼らの関心は「義務教育」にあり、それが最重要任務であった。

　「間接統治」や占領軍スタッフの「力量」を考えると、義務教育をどうするかが当面の課題であった。アメリカは地方分権化社会で、日本のように中央集権によって義務教育を全国一律に施行するという経験はなかった。占領軍スタッフが頼れたのは、当時の南原繁を中心とする「日本側教育家委員会」以外になかった。日本側教育家委員会の大半は大学関係者で、「旧制大学」を存続させることしか「眼中」になかった。

　日本側教育家委員会からの協力を取り付けるには「忖度」が必要であった。当時、戦争責任から「帝国大学解体論」が巷で噂された。そのように「抜き差しならぬ」状況下で南原繁を中心とする日本側教育家委員会と占領軍との間に「裏取引」が行われた。それは教育改革責任者オアの「証言」からも裏づけられた。日本側教育家委員会は、義務教育を中心に初等・中等教育改革に全面的に協力する「見返り」に高等教育改革に関しては、日本側にまかせるという「お墨付き」を取り付けた。したがって、初等中等は「改革」と呼ぶに値したが、高等教育は「編成」に過ぎなかった。

　敗戦直後の日本側の指導力は「失墜」し、国民の誰も耳を貸さなかった。そこで占領軍スタッフが構想したのが、1946 年 3 月米国教育使節団の招聘であった。戦後教育改革のバイブルと称された『米国教育使節団報告書』は日米合作であって、日本側の構想を米国教育使節団が「裏打ち」したものである。当時、占領軍には一国の高等教育改革を遂行するだけの人物はいなかった。そこで急遽、ローマ字改革で名高いロバート・キング・ホールが韓国駐留のアルフレッド・クロフツ（Alfred Crofts）を GHQ/CI&E 教育課高等教育班にリクルートして、米国教育使節団と一緒に高等教育改革に従事させたという裏事情があった。以上からも、戦後日本の高等教育改革は当初から問題が山積であったが、「見切り発車」した。

「一般教育」の崩壊

　1991年の大学設置基準の大綱化において「一般教育」が解体された。むしろ、「消滅」したという表現が正しいかも知れない。戦前の旧制高等学校の教養教育と新制大学における「一般教育」が混同した。それを増長したのが、「新制大学」のなかで両者を「同居」させたことである。すなわち、別々に存在した高等教育機関を統合して「一般教育」と「専門教育」に分類した。結果は火を見るより明らかで、両者は「融合」するどころか隔離して大学教育を「分断」した。「一般教育」という名称が正しかったかどうか、いまになって振り返れば、疑問が残る。「一般教育」は専門教育のために準備教育と考えられたところにも重大な誤りがあった。むしろ、専門教育を「包括」することが期待された。「一般教育」は専門のための準備教育というよりも、リベラルアーツの「汎用的能力」を培うことが求められた。ゼネラル・エデュケーション（General Education）を「一般教育」と翻訳したことが適切であったかどうかも疑問が残る。英語のGeneralには、「一般的な」とは別に、「汎用の」という意味合いもあり、「汎用的教育」の方が当時のアメリカ側の教養教育の考えに合致していたのではないかと考える。ここでも「一般教育」に対して大きな「ボタンのかけ違え」を犯した。これも歴史の「皮肉」といえるかも知れない。承知のように、新制大学が発足した翌年には朝鮮戦争が勃発し、極東における冷戦構造の枠組みのなかで、その理念が十分に反映されることなく、不徹底さに拍車がかかったことも「一般教育」の形骸化および混迷につながった。そして、占領改革も未完に終わり、新制大学も未完のまま「終焉」した。

「単位制度」の崩壊──新型コロナウイルスの影響を受けて

　「単位制」は、日本の大学教育に適応しなかった。これはアメリカ的な自立・自律的学習を促すもので、日本のような集団的学習とは相反するところがある。「単位制度」とは「学習時間」で「算定」され、学生が主体的に獲得するもので、教員が授けるものではない。しかし、日本では成績評価と混同して、未だに「単位をあげる」との呼称が一般的である。「単位制度」が形骸化

して機能していないことは一目瞭然である。それは、「教育パラダイム」を中心とする教室内授業にのみ重点が置かれ、「学習パラダイム」を中心とする教室外学習が機能していないからである。その結果、「単位をあげる」という表現につながった。

「単位制度」の形骸化は対面授業においても顕著であった。オンライン授業では「言わずもがな」である。これに関しては、論考 5)「単位制を再考する―e ラーニングによる学修時間をどう確保するか」『教育学術新聞』(2020 年 5 月 13 日)を参照にしてもらいたい。筆者は、新型コロナウイルスの影響で「単位制」が抜本的に見直されることを「歓迎」している。もともと、形骸化していたのであるから、代替案が望まれていた。「一般教育」も「単位制」も戦後 70 年を経過して「制度疲労」が見られる。ニューノーマル時代の「単位制」のあり方が問われる所以である。

「ポストコロナ時代のハイブリッド型授業——「ハイブリッドカー」から何を学ぶべきか」

日本はハイブリッドカーの世界的先駆者である。ハイブリッド (Hybrid) とは、異種のものを組み合わせることによって生み出されるモノを意味する。ハイブリッドカーの考えからヒントを得て、「対面授業」と「オンライン授業」を組み合わせた授業スタイルのことを短絡的に「ハイブリッド型授業」と呼んでいるが、これは教員の授業スタイルをオンラインに変えたに過ぎない。ハイブリッド型授業は、学生の学習を「誘発」するものでなければならない。そこで、ハイブリッドカーの「アイデア」をハイブリッド型授業に「転用」できないかと考えてみた。

そのことを、次の**図終 –1** で簡単に説明する。「ハイブリッドカー」はガソリンエンジンで発電し、その電力を直流に変換して電池に貯蔵、電池から電気を取り出して周波数や電圧を変換してモーターを駆動するというのが一般的な構造である。ここでは、ハイブリッドカーの仕組みを説明することが目的ではない。その仕組みの「アイデア」をハイブリッド型授業に転用できないかを模索することである。とくに、筆者が注目するのは「ジェネレータ (発電機)」である。これはエンジンを起動・停止したり、エンジンの動力で発電

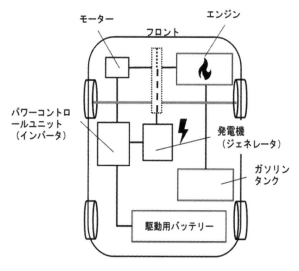

図終-1　ハイブリッドカー

（筆者作成）

を行なったりするところである。「ジェネレータ (Generator)」の語源の Gen には、「（新しいものを）生む (Produce)」という意味がある。この「アイデア」をハイブリッド型授業に転用すれば、学生の学習を「生む (Generate)」はたらきにつながる教育的な意味合いがある。「一般教育 (General Education)」の語源も「同根」である。

　「学習パラダイム」提唱者ジョン・タグは、「学習を生み出す (Produce Learning)」ことが学習パラダイムの重要な使命であると位置づけている。

　「ジェネレータ」のほかにも「インバータ (Inverter)」や「バッテリー (蓄電池)」にも注目したい。これらの「アイデア」をハイブリッド型授業に転用することで、グループディスカッションやプレゼンテーションという違った形に「転化」できる。このようにハイブリッドカーには、ハイブリッド型授業に転用できる「ヒント」が隠されている。これらのアイデアを転用できれば、ハイブリッドカーに匹敵するハイブリッド型授業ができるのではないかと考える。

おわりに──ファシリテータを育てる教員研修

ハイブリッドカーの「アイデア」をハイブリッド型授業に転用できれば、最先端の技術を授業改善に応用できる。そのような柔軟な視点に立ったファシリテータとしての教員が求められる。ハイブリッド型授業の良さは、授業（教員）と学習（学生）が「好循環」することで、学生の学びを生み出す教育環境を創り出すことにつながる。

ハイブリッド型授業には、「新制大学」で「失墜」した「一般教育」や「単位制度」の補填も可能である。たとえば、前述のように「ジェネレータ（Generator）」は「一般教育（General Education）」にもつながる考えがあり、ハイブリッド型授業で注目される「反転授業」は、形骸化した単位制の教室外学習時間の確保としてニューノーマルの役割が期待できる。

最後に、ハイブリッド型授業における「ジェネレータ」、「インバータ」、「バッテリー」などの機能が正しく稼働しているか。メンテナンスされているか、チェックしてみると良い。それができてはじめて、世界に誇るハイブリッドカーを有する日本のハイブリッド型授業として発信できる。

Ⅱ　ポストコロナ時代の教員研修

論考 30）授業改善から悩み相談まで
──ファカルティ・ディベロッパーの仕事

2008 年春の FD 義務化後、FD が広く普及しはじめている。また、国立教育政策研究所「FD プログラムの構築支援と FDer の能力開発に関する研究」の成果をもとに、2009 年 9 月に日本高等教育開発協会（JAED）が設立された。JAED は、高等教育開発者同士の連帯を図りつつ、高等教育開発に関する活動を実践することを通して、日本の高等教育機関の教育と学習の質の向上に貢献し、あわせて高等教育開発者としての実践の質を高め、学術研究に裏づけられた専門性を向上させる場となることを目的としている。その後、ファカルティ・ディベロッパー（FDer）という言葉を良く耳にするようになったが、どのような仕事をする専門家なのかまだ一般に良く知られていない。

　アメリカ最大のファカルティ・ディベロッパーの組織である POD ネットワーク（The Professional and Organizational Development Network in Higher Education）が 1975 年に設立された。現在、約 1800 名の会員をネットワークで支援している。アメリカは、1980 年代は「ディベロッパーの時代」と呼ばれ、各種財団支援のもとでファカルティ・ディベロップメントが注目された。1990 年代は「学習者の時代」と呼ばれ、学生の学習に焦点が当てられた。2000 年代は「ネットワークの時代」と呼ばれ、ネットワークによるコラボレーションが重視されている。POD が発展を遂げたのには理由がある。時代に先駆け、設立当初の 1970 年代に「ネットワーク」の名称をつけてファカルティ・ディベロッパーの連携を強めた。

　北米では、ファカルティ・ディベロッパーをファカルティ・コンサルタントと呼ぶように、主な仕事はコンサルテーションである。ファカルティ・ディベロッパーは、教員の時もあるが、多くの場合、専門職員である。

　2011 年 9 月、東北大学とカナダのクイーンズ大学との共同プロジェクト「大学教育マネジメント人材養成プログラム」の研修で約一週間クイーンズ大学に滞在したが、そのときファカルティ・ディベロッパーの仕事や役割について、同大学ティーチング＆ラーニング・センター長 Joy Mighty 教授にインタビューした。

　同センターの行う個別コンサルテーションは、教員の授業開発やニーズに対応したものである。ワークショップも教員のニーズを反映したものであるが、これは共通の視点に立つもので、個々の教員に対応したものではない。

　FD といえば、授業評価の良くない教員にコンサルテーションをするものと思われがちであるが、これは正しくない。コンサルテーションは、個々の教員がさらに優れた授業改善を目指すため、そして新しいアイディアを活用するためにある。授業評価の悪い教員のリメディアル的な救済措置ではない。

　ファカルティ・ディベロッパーの仕事は、カリキュラムやシラバスなどのワークショップやセミナーをコーディネートするだけではない。クイーンズ大学では、教員の悩みや不安に関わる相談に多くの時間を費やしている。同センター長によれば、北米では約 80％の教員が何らかのストレスや不安

(Teaching Anxiety)を抱える。彼女は、年間に約100回を超えるコンサルテーションを行っている。1回のときもあれば、数回、あるいは半年、1年と継続される場合もある。筆者も前任校の弘前大学21世紀教育センターで、FDコンサルティングを行ったが、相談者はわずかであった。日本では、ファカルティ・ディベロッパーに相談することは、授業に欠陥があり、「落ちこぼれ」とのネガティブなイメージに繋がるのかも知れない。

　コンサルテーションで多い相談内容は、ティーチング・ドシエー（ポートフォリオのこと）についてである。なぜなら、ティーチング・ドシエーには教員のティーチング・フィロソフィー（授業哲学）の項目があり、「メンタリング」を必要とするからである。しかも、クイーンズ大学では、ティーチング・ドシエーが義務化されている。「義務化」と聞けば、強制される印象を受けるが、そうではない。ティーチング・ドシエーは、教員の「権利」と位置づけられている。教育は、研究と違って論文の多寡で評価できない。教育評価は、複数の信頼あるデータをもとに客観的に測る必要がある。

　「学生による授業評価」に偏りが見られるとして、反対する具体的な事例をあげている。たとえば、性別に関連して、女性教員は男子学生から低い評価、そして女子学生から高い評価を受けやすいが、男性教員の場合、学生の性別に影響は見られない。クラスサイズに関連しても、小さなクラスの方がわずかではあるが高い評価を受けやすい。コースレベルに関しても、高学年、たとえば、大学院コースの方がより高く評価される。分野に関しても、数学、自然科学、そしてエンジニアリングがより否定的に評価されるなどの「偏見」が見られる。「学生による授業評価」は、学部・学科、学年、性別などでも大きく異なるので、表面的な数字だけで判断することは危険である。

　たしかに、「学生による授業評価」は、アカウンタビリティ（説明責任）という点で大学側にとって魅力的かも知れないが、これは数量的なデータであって、教員の教育の質を測定するものではない。多様な尺度の証拠資料（「学生による授業評価」も含め）にもとづき、教員自らが授業実践を「振り返って（省察して）」まとめたティーチング・ドシエーでなければ意味がない。カナダでは、ティーチング・ドシエーに含まれる証拠資料として49項目がある。

　ファカルティ・ディベロッパーとしての資格のようなものはないが、研修と経験を積み重ねて専門家となる。秘密を守り、信頼性があり、相談しやすいオープンマインド（Open-minded）な資質が求められる。コンサルタントは自らの価値観を押しつけてはいけない。相談者に考えさせることが重要である。相談者は、自分に欠陥があると落ち込みがちで、他の教員も同じように悩みを抱えていることを知ることで安心する。

　日本は、初等中等学校の教員が不安や悩みを抱えていることが新聞紙上で紹介されるが、大学教員は大丈夫だろうか。不安や悩みはないのだろうか。アメリカでは大学教員養成プログラムを経て教壇に立つことが多いが、そうでない日本では不安や悩みを抱える教員は少なくないはずである。

　ファカルティ・ディベロッパーの仕事として、個々の教員のコンサルテーションに力を入れることがますます重要になる。なぜなら、カリキュラムやシラバスの改善を行うのも個々の教員であるからである。

　経験の浅いファカルティ・ディベロッパーにどのようにコンサルテーション技術を身につけさせるかが重要な課題である。クイーンズ大学では、具体的なマニュアルを作成し、相談者の許可を得て、シニアコンサルタントと一緒に臨床的なコンサルティングを行っている。

論考 31）エデュケーショナル・ディベロッパーの資質
──教員や職員に適した専門職かどうかを測るバロメーター

はじめに

　新型コロナウイルス・パンデミックの影響で、対面授業からオンライン授業への変更を余儀なくされた。多くの教員が「手探り」状態で危機を乗り越えたが、これからのニューノーマル時代を考えると不安が募る。

　そのような状況下で、文部科学省は「デジタルを活用した大学・高専教育高度化プラン」について、2020 年度第 3 次補正予算を計上したことが、高等教育関係者に注目されている。その背景には、「デジタル活用に対する教育現場の意識が高まっているこの機を捉え、教育環境にデジタルを大胆に取り入れることで質の高い成績管理の仕組みや教育手法の開発を加速し、大学等

におけるデジタル・トランスフォーメーション（DX）を迅速かつ強力に推進することにより、ポストコロナ時代の学びにおいて、質の向上の普及・定着を早急に図る必要がある。」との考えがある。

　筆者は、論考20)「オンラインにおける反転授業―授業デザインを考える―」『教育学術新聞』(2020年11月11日付け)で、オンラインにおける授業デザインの必要性を強調するなかで、教育・学習センター（Center for Teaching and Learning, CTL）の設置を提言した。しかし、この説明は不十分であった。なぜなら、「職務内容」について言及していなかったからである。すなわち、センターの職務に従事する「エデュケーショナル・ディベロッパー」をどのように確保するかという点が欠落していた。日本の大学でCTLを設置するところはまだ少ない。多くはFD委員会で対応している。委員会の委員は各学部・学科を代表して約2年任期で交代する。言うまでもなく、FDは「継続」することに意義がある。なぜ、日本ではCTLの設置が遅れているのか、予算や設備のほかに、センター専従の専門家リクルートが困難であることがあげられる。その理由は多々あるが、とくに、その分野の人材が不足しているところにある。

　オンライン授業、ハイブリッド型授業、ハイフレックス型授業など、新しい授業形態が目まぐるしく導入されるなかで、これに教員がどのように対応していけば良いのか、路頭に迷っている。小手先だけでは乗り切れない限界にきている。この分野における専門職教員が必要なことは、危機に直面している現状からも明らかである。

　NHK WEB 特集「授業どうなる？アメリカの大学新年度」(2020年9月17日)によれば、ミネルヴァ大学では、新型コロナウイルスの感染拡大とは関係なく、立ち上げ当初の2014年からすべての授業をオンラインで実施している。同大学アジア担当責任者ケン・ロスは、「対面授業をそのままオンラインで行うだけではつまらない。オンラインで主体的に参加してもらうためには、授業の内容はもちろん、教え方も大切だ」と強調し、教授法も重要であることを示唆している。

　日本では、「エデュケーショナル・ディベロッパー」ではなく、「ファカル

ティ・ディベロッパー」と呼ぶことが多い。このような呼称はアメリカでは「通用」しない。なぜなら、ファカルティ（教授職）は、この分野における卓越した研究者であるとの自負が強いため、彼らは開発（ディベロップ）されるということに抵抗を示し、逆に、反発を招く恐れがある。たしかに、教授としての地位はエスタブリッシュされ、研究業績もあるかも知れないが、学生への教育という点では経験的に乏しいところがある。そこで、エデュケーショナル・ディベロッパー（教育開発者）という新しい名称に変わったという経緯がある。

EDer の養成

　誰が、どこで EDer を養成するかという素朴な疑問がある。それを養成する専門職大学院はあるのか。また、どのような業績や経験があれば、EDer になれるのか。筆者は、この分野の専門家であるので、このような質問を受けることがある。すなわち、日本の大学院で EDer の資格が取れるか、あるいはアメリカにそのような大学院があるかということである。日本にも、アメリカにも EDer になるための大学院やそれに付随した学位はない。あくまでも自己研修による経験にもとづくもので、「教授開発学」のような学位は、管見の限り存在しない。

　それにもかかわらず、北米では EDer という専門職の地位が確立されているのはなぜか。日本では、大学教員が兼ねることが多いが、北米では、教員と職員の「中間」に位置する専門職教員が担当する。「教員」としたのは、センター専従スタッフは授業も兼担することが半ば義務づけられているからである。そうでなければ、教員からの授業に関する相談に応じられないのである。これは図書館スタッフについても同じで、司書が図書に関する授業を担当する。基本的には、修士号の学位を取得することで、大学で教えることができる。また、教授がセンター長を兼ねることが多いが、これは学部所属の教員でセンター専従ではない。

　したがって、教育学関連の専門家でなければ、EDer になれないということはない。ただし、「教員」としての経験は不可欠であるが、専門分野は問

わない。これは大学での経験だけとは限らない。初等・中等教育レベルの教員経験で十分であることは言うまでもない。

EDer の資質

　明確な資格基準がないので、どのような教職員が EDer の適性判断は難しい。北米の大学、とくにカナダの教育・学習センターを視察した「経験知」によれば、「圧倒的」に女性の専門職教員が多いのである。これは、日本とは対照的である。その理由を尋ねたことがある。すると、EDer は「ヘルピングサービス・プロフェッション」の領域に属するので、女性の対応の方が好まれる傾向にあるとのことであった。

　以下の**図終 -2** は、「EDer の資質」をまとめたものである。これは、EDer の国際的なコンソーシアム ICED（The International Consortium for Educational Development）2008 年大会のラウンドテーブルで取り上げた、「EDer の能力―『ワールドカフェ』を用いた対話の育成」（Competencies of Educational Developers: Using 'World Café' to Foster Dialogue）と題したものである。集まった EDer の意見を出し合って作成したもので、担当者の「経験」にもとづいたもので、現在のニーズとは若干異なるところがあるかも知れない。すなわち、

　1) 特性・特徴として、共同作業ができること、情熱的かつ責任感が強いこと、忍耐強く、持続性あること。2) リーダーシップ能力として、管理能力、奉仕能力、指導力、コーチ力があること。3) 技能として、ワークショップを促進できるスキルやティーチング・スキルがあること。4) 知識として、学習理論の知識、グループダイナミックス、カリキュラム開発理論がわかること。5) 職場学習として、自己啓発、省察的実践、メンターリング＆コーチングができること。6) 能力として、計画・実施プロジェクト（プロジェクトマネジャー）、プログラム評価、有能な相談者、効果的コミュニケーションなどの特徴を有すること、がそうである。

　初歩レベルとは別に、「シニアレベルのエデュケーショナル・ディベロッパーの資質」というものもあり、高度な「博士」学位を求めることもある。そこでは、「知識」「技能」「能力」の三つの領域に絞り、より具体的で高度な資

特徴・特性
・幅広い技術に長けている
・共同作業ができる
・ティーチング・フィロソフィーの確立
・ティームプレイヤー
・自立心
・情熱的・責任感が強い
・忍耐強く、持続性がある

知　識
・学習理論の知識
・グループ・ダイナミックスの知識
・学習成果重視
・授業及び学習の知識
・教育・情報技術の知識
・カリキュラム開発理論の知識

初歩レベルの
エデュケーショナル
デベロッパー

リーダーシップ能力
・管理能力
・調停能力
・奉仕能力
・影響力
・促進力
・交渉力
・メンタリング

職場学習
・自己啓発学修
・省察的実践
・メンタリング＆コーチング
・管理責任
・職場適応性

技　能
・ワークショップ促進力
・リサーチ技能
・アウトリーチ＆マーケティング技能
・ティーチング技能

能　力
・計画・実施プロジェクト
・プログラム評価
・有能なコンサルタント
・効果的コミュニケーション
・資源開発

図終 –2　エデュケーショナル・デベロッパーの資質

出典：Dowson & Birstall, EDC, 2008 February.
拙著『ラーニング・ポートフォリオ──学習改善の秘訣』44 頁（東信堂、2009 年）

質を以下のように要求している。すなわち、

1) 知識の領域では、教授法に関する Ph.D. 教育に関する修士号あるいは同等の経験があること。2) 技術の領域では、エデュケーショナル・リーダーシップ、同僚へのメンター / コーチやコースデザイン、インストラクショナル方略、評価方略があること。3) 能力の領域では、柔軟性、順応性、忍耐力、創造性、指導力、率先力、持続性、情熱性、鳥瞰図的先見者、生涯学習者であることなど、より具体的かつ専門的な要求など、がそうである。

エデュケーショナル・コンサルタント

エデュケーショナル・ディベロッパーに似た職種に、エデュケーショナル・コンサルタントがある。言葉のニュアンスからすれば、後者は個々の教員のコンサルティングに焦点を当てている。帝京大学高等教育開発センターとブリガムヤング大学（BYU）教育・学習センター共同によるエデュケーショナル・

コンサルタント研修が開催された。全行程に出席し、ポートフォリオを提出して、BYU 教育・学習センターで承認されれば、エデュケーショナル・コンサルタントの「認定書」が授与された。

コンサルタントという表現は「ビジネス的」なニュアンスが強いが、BYU 研修におけるコンサルタントは、むしろ、「メンターリング」に近いものであった。そこではクライアント（教員）からの「悩み相談」を「傾聴」するところに重点が置かれた。

メンターと言えば、目上の人から専門的な助言を受ける「トップダウン」的なイメージが強い。しかし、ティーチング・ポートフォリオなどのメンターリングの場合、「傾聴」することが重視される。

おわりに

エデュケーショナル・ディベロッパーを養成する専門職大学院の設置が望まれるが、上図の説明からもわかるように、どのような「資質」が望ましいかを鑑みれば、必ずしも、大学院に行かなくても、現職の教員や職員のままで、エデュケーショナル・ディベロッパーとして養成することができると考えている。アメリカ（POD）やカナダ（STLHE）の FD 関連学会では一週間程度のエデュケーショナル・ディベロッパーのための集中ワークショップを含む年次大会が開かれ、初任者研修などのほかに、前述のような養成セミナーも数多く提供され、「資格認定書」が授与される。研修を継続し、経験を積み重ねることで、EDer としての成長することができる。

筆者の経験から、EDer の資質は、本来、多くの教員や職員に備わっているものと考えている。その意味で、エデュケーショナル・ディベロッパーというよりも、厳密には、Educational Developer-ship（エデュケーショナル・ディベロッパーとしての資質）という表現が的確かも知れない。なぜなら、接尾辞 -ship には「資質」という意味合いが含まれているからである。したがって、教員の「悩み」や「ニーズ」を傾聴することが大前提となる。EDer は、自らの価値観を押し付けるのではなく、相手に考えさせ、一緒に考えるという柔軟な姿勢が求められる。オンラインでは、ハイブリッド型授業やハイフレック

ス型授業のように新しい教授法が導入されている。したがって、エデュケーショナル・ディベロッパーの仕事は、常に、最新の国内外情報にアクセスして、的確な情報を提供できる「ファミリードクター」のような存在であると個人的に考えている。

　将来のエデュケーショナル・ディベロッパーには、図書館関係者を含むことが不可欠である。この中では、図書館情報やIT関連の資質も欠かせない。筆者は、大学改革は図書館からを持論としているので、これが実現すれば、大学の授業が飛躍的に改善すると考えている。詳細については、主体的学び研究所「『主体的学び』を促すゲーリー先生の"Connecting the Dots"コラム21「教養教育と図書館でわかる『大学の品格』」」(https://www.activellj.jp/?page_id=3236 を参照)

付　録

コラム1　新型コロナウィルス・パンデミックでわかった汎用的能力の重要性

はじめに──新たなパラダイム転換

　最近の『教育学術新聞』の寄稿には、「新型コロナウィルス・パンデミックは、全世界のあらゆる人々に大きな影響を与える中で、世界の高等教育機関に対して『教育・学修の新たなパラダイム転換』を迫っている。このパラダイム転換では、従来の主流であった『対面指導が教育・学修のあるべき姿である』との考え方を根底から覆し、教育のデジタル・トランスフォーメーション（DX）により Society 5.0 で求められる学びの在り方について『AI 等の高度・先端技術を応用し、対面指導に加えたバーチャルな学修方式を導入し、学修アナリティクスを活用する』ことによる学修の個別最適化・協働学修推進こそが真に学修成果を極大化できるとの認識を一気に常識化する」（詳細は、高橋宏「アメリカ校で COVID-19 に立ち向かって─Society 5.0 時代の教育を考える─（上）『教育学術新聞』（2020 年 8 月 19 日を参照）との論考がある。

　新型コロナウイルスの脅威と聞けば、誰もが最新の高度医療技術などを想定し、大学におけるこの分野の専門研究を深めることだと考えるかも知れない。しかし、筆者は逆にその対極にある「教養教育」の重要性が頭をよぎった。なぜなら、世界的脅威である新型コロナウィルス・パンデミックが大きな衝撃を与えているにもかかわらず、これに対応する「症例」がいままでになく、右往左往しているからである。

　これは大学教育においても然りである。初等中等教育は文部科学省の指導

もあるので、ある一定の方向性が保たれているが、大学においては対応もバラバラである。それが露呈したのが、オンライン授業にするのか、対面授業にするかで最後まで揺れ動いていたことである。その影響をもろに受けたのは他でもない学生であった。授業料は払っているのに対価としての対面授業が受けられない。施設費は払っているのにキャンパスが使えないなど、大学側に「説明責任」を求めている。これらの学生からの苦情に対して、大学側は明確な回答を示すことができず、「メディアの餌食」になっている。

　なぜ、このような「粗末」な対応しかできないのか。それは「前例」を踏襲する農耕民族的な伝統に由来すると考えられる。日本人は相撲ではないが「土俵」に上がると想像以上の腕力を発揮する。これまでノーベル賞開発はアメリカが独占したが、それを応用し、加工して製品化して経済発展をつなげたのは他でもない日本人であった。もちろん、研究を応用することも「創造性」の一環だと捉えることができる。しかし、それも前例となる研究成果があってのことで、今次の新型コロナウイルス脅威のように前例がない場合は何もできない。ただ呆然と「指をくわえて」傍観するしかない。

　何が、どこが問題なのか、それが本コラムのテーマである。それは大学において「汎用的能力」が十分に培われてこなかった「後遺症」によるものである。1991年の大学設置基準の改訂（いわゆる「大綱化」）によって大学における教養教育改革は、当初の目論見通りに行かなかった。それどころか、むしろ専門教育化へばく進した。当時の臨時教育審議会の議論では、「一般教育と専門教育を相対立するものとしてとらえる通念を打破し、両者を密接に結び付け、学部教育としての整合性を図る」（臨時教育審議会（臨教審）「第二次答申」1986年）ことが必要と主張した。整合性が図られただろうか。そうでないことは現状を見れば火を見るよりも明らかである。これは「一般教育」と専門教育を「縦割り」で考えることによる弊害からきている。

　このような事態に陥ったのには歴史的「必然性」があった。周知のように、戦前は教養教育を教える旧制高等学校と専門教育を教える旧制大学が並列して存在した。このような制度が「民主的」でないとして抜本的な改革を断行したのが占領軍であった。彼らは、教養教育と専門教育は同時並行して教え

られるべきものであるとして、新制大学を創設して「同居」させ、旧制高校の教養教育を「一般教育」と名づけた。しかし、占領軍の思惑は失敗に帰した。それは日本に「農耕民族」的伝統があることを看過したからである。したがって、旧制高校と旧制大学を新制大学内で「融合」するというアメリカ民主主義の象徴である「人種のるつぼ」的な発想は、絵に描いた餅となり、「大学内別居」状態を作った。このような「縦割り」の発想では創造的教育など生まれない。そして、そのような硬直した考えを打破するためにも汎用的能力が必要である。もし、AI が機能不全に陥ったら、何もできない飽和状態になる。雑誌『主体的学び』6 号の特集は、いみじくも「いま、なぜ教養教育が必要なのかを問う」を取り上げた。2019 年のことであった。そして、2020 年に新型コロナウイルスが勃発した。

汎用的能力の重要性

　汎用的能力の重要性を「社会人基礎力」として、最初に社会に発信したのは文部科学省ではなく、経済産業省であった。文科省は「学士力」という形で追従したが、それは名の通り、大学教育が中心で「知識・理解」「汎用的技能」「態度・志向性」「統合的な学習経験と創造的思考力」からなり、その中で「汎用的技能」や「態度・志向性」といった汎用的能力が重要な位置を占めた。詳細は、松下佳代「高大接続改革の中での大学教育のあり方―汎用的能力に焦点をあてて―」『大学教育学会誌』第 41 巻第 2 号（通巻第 80 号）2020 年 1 月）を参照。

　両者の違いは「縦断的」か「横断的」かである。これまでは大学が「すべての」中心で社会との連携（大社連携）が希薄であった。たとえば、学部卒業者がひとたび企業に就職して、研究を継続するために大学院に戻って学位を取得したとしても、それは「道草」者として蔑視され、ストレートに大学院に進学して学位を取得した「純粋」派と「区別」されることが多々あった。いまは、専門職大学や専門職大学院の誕生で学位と同じように専門職も評価される社会に変貌したので「不毛な差別」は消滅した。

　余談になるが、筆者がニューヨーク市のコロンビア大学大学院ティー

チャーズ・カレッジに入学した 1975 年当時の院生の大半は社会人、とくにティーチャーズ・カレッジという教員養成大学院であったことから、現場の管理職教員が多かった。彼らのレポートは実践に裏打ちされたもので、筆者のように大学院 (修士課程) から「梯子」的に進学したものとは雲泥の差があった。それだけではない。初等中等学校現場で教えた経験を踏まえて学位を取得したものは、大学ポストを探す場合もそうでないものに比べてはるかに有利で、年俸の差も歴然であった。

　汎用的能力はどこでどのように培われるべきか。言うまでもなく、初年次教育における教養教育においてである。ここでの「教養教育」はいわゆる一般知識としての「教養」ではない。「リベラルアーツ」としての教養教育のことである。その主たる目的は、「学び方を学ぶ」ことである。なぜ、初年次が重要になるか、3・4 年次は専門課程になるので「汎用性」が乏しくなるからである。汎用的能力はすべの教育の基礎となるべきものでなければならない。詳しくは、拙稿「学び方を学ぶ―新しい教養教育への挑戦―」『主体的学び』6 号 (東信堂、2019 年 6 月) を参照。

『社会人基礎力』―「考え抜く力 (シンキング)―疑問を持ち、考え抜く力―」

　「社会人基礎力」について知らない大学生はいないと言っていいほど普及している。裏を返せば、いかに社会人基礎力がないまま巣立っているかということである。経済産業省が河合塾の協力のもと、社会人基礎力を大学教育に取り入れるために 6 つのポイントを絞り込み、モデルプログラム開発事業となる 12 校を 2009 年度に全国から採択し、そこでの取組みをレファレンスブックスとして紹介する企画があった。以下が手引書の表紙である。

　驚くことに、筆者の弘前大学のリベラルアーツの教養教育の授業全容が収録された。もちろん、12 モデル採択校に含まれていない「番外編」であった。これは筆者の授業実践例が企画に合致したことから、河合塾から 2010 年 2 月に急遽取材を受けたものである。2010 年 2 月 1 日岐阜大学 FD 研修会で河合塾からの収録取材を受け、その後、2 月 9 日弘前大学の筆者の授業風景および午後から履修学生への聞き取り調査が行われた。詳細については、手引

書を参照にしてもらいたい。そこでは、「学問・知識が社会人基礎力で深まる―教養教育―弘前大学」との見出しで、「メンタリングをコラボレーションで行っていると社会性が身に付く。この学生パワーが学生を成長させる」と題して、「大学の教養教育で、『考え抜く力』『チームで働く力』を養い、学生達を専門教育に送りだしていた（中略）土持教授の授業の特徴は、能動的、主体的な学習を導く授業スタイルにあります。学生が自ら『考え抜く力』を付けるために、準備学習を徹底させる仕掛

けを用意し、授業はグループ討論を中心とし、『チームで働く力』を養います。そして学習の振り返り（省察）をさせることで、主体的な学習力を高めさせま

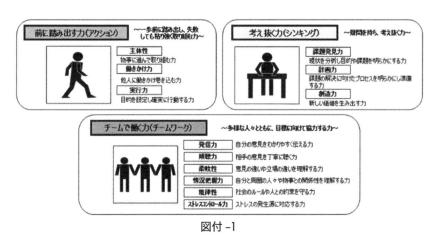

図付 -1

出典：経済産業省『社会人基礎力　育成の手引き』（2010 年、河合塾）

す。ここでは先生の授業の秘訣を、先生の発言に沿って紹介します」と記されている。詳細は、拙稿「『学び』のパラダイム転換―『雀の学校』から『めだかの学校』」の学びへ―)『主体的学び』7 号 (2021 年刊行予定) を参照。

社会人基礎力とは何かについては、**図付 –1** からもわかるように、3 つの能力 /12 の要素から構成される。すなわち、前に踏み出す力 (アクション)、考え抜く力 (シンキング)、そしてチームで働く力 (チームワーク) である。重要なことは、この 3 つの力が「横断」しているところにある。具体的には、一つの授業の中でこれらの 3 つの力を涵養させることである。これを可能にするのが教養教育である。

おわりに

現在の資質・能力の中で、従来の学力論との差異が際立つのが、汎用的能力の強調である。その傾向はとりわけ大学教育において顕著である。社会人基礎力は「基礎学力」「専門知識」と並置され、それらを生かす力として捉えられており、図付 -1 のように、「前に踏み出す力」「考え抜く力」「チームで働く力」という汎用的能力で構成されている。筆者がとくに注目したいのは、「考え抜く力 (シンキング) ―疑問を持ち、考え抜く力―」である。他の二つは社会に出てからも培うことができるが、クリティカルシンキングのようなものは大学で培うべきもので、それが初年次教育の役割である。

初年次教育に相当するのがアメリカの大学の「フレッシュマンセミナー」である。これは一人の教員が自分の専門分野を通して学際的に教えるもので、「学び」が横断的に関連づけられる。専門的な学びは縦断的で深められるが、そのためには専門の学びを批判できる初年次教育における汎用的能力の育成が欠かせない。専門を深く学ぼうとすれば、それと対峙した教養教育を学ぶことで専門領域を深めるという「パラドックス」が生まれる。

コラム2　ジョン・タグ教授とディ・フィンク教授による「世紀の対談」映像への誘い──「教育パラダイム」と「学習パラダイム」における教育と学習を語る

はじめに〜「パラダイム転換」

　2020年4月28日、小池百合子東京都知事は、新型コロナウイルス影響で学校開始が混乱していることに関連して、始業式を9月にしたらどうかとの案が出ていることに賛同の意向を示し、これを契機に9月入学にしてはどうかと発言した。9月入学が実現すれば、「パラダイム転換」であるとも述べた。それほど画期的であるという意味である。もし、そうだとしたら、1947年以降、六・三・三・四制学校制度がはじまって以来のことである。

　その「パラダイム転換」提唱者ジョン・タグ教授とアクティブラーニングを中心としたコースデザインのディ・フィンク教授との「世紀の対談」が、2018年6月15日に東京メディアサイト社で実現した。筆者は、この対談を誰よりも待ち望んだ。このような対談はアメリカでも実現したことがなかった。両氏に教育パラダイムと学習パラダイムにおける教育と学習のあり方について「本音」で議論してもらった。筆者は対談の司会を務め、両者の生の声を直に聞けた。映像収録を多くの関係者に視聴してもらうことの意義を強く感じた。「主体的学び研究所」が録画収録から説明スライドの作成、日本語訳字幕まで尽力してくれた。約2時間にわたる自由闊達な討論で、議論が永遠に続くのではないかと司会者を悩ませた。

　本稿では、一足先に、映像録画を視聴して受けた印象を紹介する。対談では、両氏の豊富な事例や体験談が多く含まれているので、時間をかけてゆっくりと視聴してもらえればと考えている。この対談は、アメリカの教育関係者にも視聴してもらいたい内容であった。

教育パラダイムと学習パラダイム

　「学習パラダイムへの転換」の提唱者ジョン・タグ教授との対談ということで、「パラダイム転換」に焦点が当てられた。誰もが耳する言葉であるが、その内実を知っているとは限らない。「教育パラダイムとは、今日ほとんど

142

の大学教員を支配するもの」と説明し、同じく大学教員である筆者も共感した。このパラダイムは、学生の学びを監視するもので、学習結果を評価することが義務づけられるが、実際はそれだけで、その後は何もしていないと批判した。すなわち、学生の学びの成功や失敗を踏まえて、そのやり方を変えることはしていないというのである。耳の痛い話である。

　ジョン・タグ教授の「学習パラダイム」について、ディ・フィンク教授が彼の経験を告白する場面があった。最初に教育パラダイムと学習パラダイムの違いが良くわからなかったと率直に認めた。たとえば、「教育パラダイムの観点」から自問するとすれば、「教えようとした科目について熟知していたか」「授業の途中、自分の知識を効果的に伝えたか」「系統だっていたか、明確であったか、情熱をもって伝えたか」などがそうである。一方、「学習パラダイムの観点から」は、そのような質問は通じない。「学生はしっかり

写真：筆者（左）、ディ・フィンク（中央）、ジョン・タグ（右）（主体的学び研究所にて、2018 年 6 月 15 日撮影）

と学んだか」「学んだとすればどの程度まで学んだか」を振り返る。「自分は
教えるのが下手だけれど、学生は自分で学んだだろうか」などと省察がそう
である。フィンク教授は、タグ教授の論文が教員としての仕事の根本を変革
してくれたと述懐した。教育の根本はもはや教えることがうまいことではな
い。教育の新しい基本は、教えることではなく、学ぶことであるとも述べた。
なぜなら、教員としての仕事だけでなく、学習への影響も考えなければなら
ないからである。

意義ある学びのタクソノミー──学び方を学ぶ

　対談者のもう一人が、アクティブラーニング提唱者ディ・フィンク教授で
あり、フィンクの意義ある学びのタクソノミー創案者である。彼のタクソノ
ミーの最後の「学び方を学ぶ」について議論した。学生は学び方を知らない。
学生は高校での戦略が大学では通用しないことを知るべきである。高校では、
先生は生徒に暗記してもらいたいと考えている。それに対して、大学では基
本を理解してもらいたい。それを利用する方法を知り、問題を解決し、質問
に答えてほしい。タクソノミーの意義ある学習とは、学生が何かを学んで、
生き方を変えることである。個人の生活、職業生活、社会生活、市民生活が
変わる学習のことである。学習が生き方を変えることができないなら、ただ
知識を吸収してテストで吐き出すだけなら、意義ある学習とはならない。知
識を伝えるだけでなく、生き方を変える学習を身につける手助けをしなけれ
ばならない、と教育と学習を見直すことを提言した。

評価とフィードバック

　Grant Wiggins 教授の評価とフィードバックに触発された議論となった。評
価とはそのパフォーマンスを判断するものであり、フィードバックはパ
フォーマンスをどのように改善するかを伝えることであると両者を峻別し
た。日本では両者の使用方法、とくにフィードバックの使用方法が曖昧であ
ることから重要な指摘であった。さらに、評価がなくても学ぶことはできる
が、フィードバックがなければ学習は成立しない。たとえば、どの問題を間

違えたかがわからなければ、次に同じテストを受けたとしても点数が上がらない。フィードバックは学習に不可欠で、現在の大学教育に関する一つの大きな問題が学生に対する教育の質に関して、フィードバックがほとんど「ゼロ」だということである、と否定的な考えを述べた。

　教員が行っていることは、自前のテストを作成し、学生がそのテストに答え、どの程度問題を解けたかを調べるだけで、これで学生が何を学習したかわかるだろうか、と疑問を投げかけた。教員が手にする情報は、自分が作ったテストで学生の学習した知識を測った結果だけなら、学生が本当に学習したかどうかはわからない。学生にとって最も大切な学習とは、授業の後でも残る学習である。

アクティブラーニングとアクティブラーナー

　「教室でアクティブラーニングを教えることはできるか」「アクティブラーニングの違いとは『講義不要』ということか」の筆者の質問に対して、「アクティブラーニング」を教えるのではなく、利用するという考えが必要であるとの見解を示した。「アクティブラーニングの包括的な定義」として、三種類の学習活動を勧めた。一つ目は、学生が科目を理解するために必要な知識と考えを習得する支援を行うこと、二つ目は、学生にある種の「行う」経験あるいは「観察する」をさせること、これは学習する教科についてである。たとえば、地理学の授業を担当したとするならば、学生に大学外で情報を収集させ、報告してもらうという具合である。三つ目は、学生に学習していることの意味、どう学習するかをじっくり考えさせることである。この三種類がすべて必要である。これは ICE モデルにも通ずるものがあると感じた。

　アクティブラーニングを行ううえで重要なことは、教員の役割を変えること、それはフィンクの著書の序文の言葉で、「教員は、自分自身を、学生との共同学習者とみなすようにならなければならない」として、学生との共同学習者になることを勧めた。これに触発されて、筆者も「アクティブラーナーとして、学生にアクティブラーニングを教えなければならない」として、自分自身を変えることができなければ、どうして学生を変えることができるの

か。アクティブラーニングを語る前に教員がアクティブラーナーにならなければならない。教員はファシリテータであるとの考えを共有した。

おわりに──ICE モデルにつながるアメリカの医学教育

　アメリカの医学教育に関する本が話題になった。多くの医学生がよく勉強し、科学の授業で A の成績を取得するが、臨床になると何もわかっていない。内容は知っているが、自分の頭の中でどう導き出すか、それをどう処理するかがわからない。したがって、現在の傾向は、医学生に最初から臨床を経験させる。科学を学びながら、医学部の最初の段階で患者と向き合わせる。筆者は、この議論を聞きながら、ICE モデルを想起した。クイーンズ大学ジェームス・フレイザー教授が、学生は知識は豊富であるが、コネクションができていないと嘆いていたことを思い出した。コネクションができなければ、自分のものではない、借り物である。したがって、医学部のように、臨床に出てから役に立たない。医学部ではこの問題を解消するために、最初に臨床を経験させる方法を導入していることが紹介された。ICE モデルで言えば、E からバックワードデザインすることで、最終的には、何をするべきかがわかり、学ぶ意義が生まれるのと同じ考えである。

コラム 3　言語教育を通して学ぶ大切なもの ──ブリガムヤング大学（BYU）渡部正和先生との対談から

はじめに

　人と人とのコミュニケーションに、ことばは欠かせない。それだけではない。ことばは、人のこころに内在する。「ことば」を検索したら、次のような興味深い動画に遭遇した。YouTube「『ことばの力』たったワンフレーズで世界が変わる！」（https://www.youtube.com/watch?v=ubYFXTLS6-U）と題するものである。ワンフレーズが歩く人の足を止めたという感動的なもので、「ことばの力」を感じた。詳しくは、YouTube を視聴してもらいたい。この動画は、道路端の目の不自由な男性の隣のダンボールに"I'm blind. Please help."（目が見せません…. お恵みを）と書いてある。わずかな通行人が無造作にコインを

投げ入れる。すると一人の女性が通りがかり、ダンボールの裏側に、"It's a beautiful day and I can't see it."（今日はいい日だね。でも、僕にはそれが見えないんだ）と書き換えたらどうでしょう。多くの通行人が足を止め、コインを置きはじめた。わずか2分足らずの動画であるが、ことばが人々のこころを射止めたのである。まさしく「ことばの力」である。

　ことばは、生活環境の表れでもある。人によって見え方が違う。したがって、表現することばも違う。エスキモーには雪を表すことばに百以上もあると言われる。エスキモーの描写する雪のイメージは、我々にはわからない世界がある。

　青森県出身の太宰治も1944年に刊行した春の紀行文『津軽』の冒頭で7つの雪があると書いている。「こな雪」「つぶ雪」「わた雪」「みず雪」「かた雪」「ざらめ雪」「こほり雪」である。しかし、どのような雪なのか説明はない。説明がなくとも、雪国の人にはわかるからだろう。南国出身の筆者には、雪は雪にしか見えない。ことばは、その土地に住む人のこころの表れである。『広辞苑』がおおよそ10年に一度、改訂版を出しているのも、ことばが時代とともに変わるということの証であろう。

「ウィンストン」タバコのコマーシャル文法論争

　筆者が渡米した1970年ころのある論争である。アメリカを代表するタバコメーカーのコマーシャルのことである。"Winston tastes good like a cigarette should"（"ウィンストンはタバコのようにおいしい"）は、新聞などに掲載された広告スローガンであった。しかし、これは文法的には間違いがあった。正確には、"like"の代わりに"as"を入れた、"Winston tastes good as a cigarette should"とでなければならない。たしかに、文法的には間違いであるが、これほど広告キャンペーンが注目された事例は過去になかった。その意味で「成功」したコマーシャルであったといえる。考えれば、広告代理店がこのような初歩的な英語のミスを犯すはずがない。明らかに「意図的」であったと思われる。1970年と1971年、ウィンストンはイメージを刷新しようと、「何が欲しいのか、正しい文法なのか、それともおいしい味なのか」のスローガン

で対応した。

グーグル翻訳機

　グーグル翻訳機が開発されたことで世界旅行が便利になった。これまで翻訳機といえば、「単語」をつないだもので、「文脈」がつながらず意味も通じないことが多々あった。それを克服したのがグーグル翻訳ではないかと考えている。

　グーグル翻訳機が優れているのは AI を駆使して、文脈のつながりを円滑にしているところにある。まだ、読者の記憶に新しいと思われるが、昨年末の紅白歌合戦で蘇った「美空ひばり」を思い出して欲しい。表面的なことばだけでなく、ことばに含まれるすべてがフレーズとして音声化した。AI はますます「進化」するので、グーグル翻訳機の性能も「深化」するはずである。文系の筆者にはありがたい恩恵である。これまでの翻訳機では、日本語には「感情」表現が多すぎるので微妙な翻訳は不可能だと「敬遠」された。したがって、科学や医療などの先端技術などの翻訳にしか役立たなかった。

　AI が的確な情報を提供するようになると、日本文学をも英訳するグーグル翻訳も夢でないかも知れない。

写真：渡部正和先生（左）と筆者（右）（対談映像「言語教育を通して学ぶ大切なものとは」、2018 年 5 月 8 日収録）

言語教育を通して学ぶ大切なもの

1) 教授法について

2018 年 5 月 8 日、BYU 渡部正和先生との対談映像「言語教育を通して学ぶ大切なものとは」は素晴らしい対談であった。詳細は、約 1 時間半におよぶ対談を視聴してもらいたいが、以下に渡部先生の言語教育を通しての「学ぶとは何か」について紹介したい。

渡部先生との対談で印象的であったのは、日本語教育の教授法の重要性についてである。この教授法は言語教育に留まらず、すべての大学教育に通じている。筆者が学んだコロンビア大学ティーチャーズ・カレッジでも優れた教授法にもとづいて「研究方法論」を授かった。なぜ、アメリカでは教授法や研究方法論に力を入れるのだろうか。それはアメリカが多様な社会から構成され、大学あるいは大学院は将来の社会人として、あるいは研究者として自立・自律した学習者になることを究極の目的としているからである。

2) 「大学とは考えることを学ぶところである」について

渡部先生と対談するなかで、先生の生き方がリベラルアーツ的であるとの印象を強くした。そのことは、先生の「学び」に対する情熱や探究心からも伝わってきた。とくに、リベラツアーツにもとづいた授業哲学に関連して、「大学とは考えることを学ぶところである」が印象的であった。そこには、長年、大学で教鞭を執られた「年輪」のようなものを感じた。「考える」ためにはグローバルでなければいけない。言語はそのツールである。究極的には、人間としてどう生きるべきかというところまで掘り下げる必要があるとして、リベラルアーツの本質ともいうべき「全人教育」の考えを示された。

「考える」ことが重要との指摘は卓越した洞察である。文科省が推奨するアクティブラーニングが注目されるが、どちらかと言えば、能動的学びとのニュアンスが強い。これを「考えて学ぶ」と置き換えてはどうだろうかと考えた。近年、ファーストフードの影響ではないが、考えることが「面倒」だとする人が増えている。考えることを「省いて」結論に走るのはインターネットの弊害かも知れない。「考える」ことに関連して、「ロダンの考える人」に

話が及んだ。これは、ロダンが頭のてっぺんから足のつま先、手の先まで考えることを表した銅像である。頭だけでなく、身体全体で考えることが重要であるとの譬えである。

3）恩師エレノア・ジョーデン氏について

　アメリカで日本語教育の「神様」と呼ばれたエレノア・ジョーデン氏について話を聞いた。当時のアメリカの言語学はほとんどが文学の教員が担った。これは日本の英語教育も英文学を専門とする教員が担ったことと重なるところがある。言語学で学位を取った渡部先生が日本語を担当するのは BYU でははじめてのことであった。日本語を文学の教員にまかせていてはいけないとの考えがあった。しかし、どのように教えれば良いかわからず路頭に迷っていたときに、当時、全米の日本語教育関連の会長であったジョーデン氏が BYU を視察に訪れ、エール大学のワークショップに参加するように招待されたことが契機となった。母国語を英語とするアメリカ人に日本語を教える教授法を開発したのがジョーデン氏であった。彼女は本を書くことに消極的で、その理由は本を書くと新しいことを試みるのに支障を来すと考えていたからである。書かれたものにこだわると新しいものを取り込めない。したがって、いつも新しいものに挑戦して実践した。

　BYU 日本語学科もジョーデン方式を採用したので、毎年、新しいものを取り入れている。そこでは、常に、「学習者主体」の考えにもとづいている。たとえば、渡部先生は「大工」の技術の良さを知ってもらうには、建てた家を見てもらうのが一番であるように、言語教員の良さを知ってもらうには、学習者がどれだけ良く話せるようになったかを知ってもらうことだと学生に話していると説明された。

　BYU では、日本文学を教えるのは文学を専門とする教員で、日本語を教えるのは言語学の教員とそれぞれ役割分担を明確にしている。BYU では「ステップ 3」方式を採用している。最初のステップ 2 までは、言語としての日本語を学ばせて、ステップ 3 で日本文学を専門とする教員にまかせる。渡部先生の範疇はステップ 1 〜 2 になる。重要なことは「ステップ 1 〜 3」がシス

テマティックにつながっていることである。筆者がICU（国際基督教大学）の
英語教科書をICU英語教員が共同で執筆している事例を紹介した。近年は、
出版社の英語教材に依存していることもあり、「学習者主体」の授業には程
遠い。

　現在、素晴らしい教材があふれている。それをどのように組み合わせれば、
目の前の学習者のためになり、効果的になるかを確かめる必要がある。教員
は、プランニングから評価までするが、プランニング後に必ずアセスメント
をする。すなわち、評価前にアセスメントすることが重要である。たとえば、
学生のレベルはどうなのか、どこが強いのか弱いのかを「見極める」ことが
アセスメントだと説明された。

4）リベラルアーツの精神について

　リベラルアーツの核心に触れた。渡部先生は東北出身で東日本大震災時の
避難について話された。緊急避難時の上りと下り電車の車掌の二つの異なる
対応を紹介してくれた。一つは車掌が来て避難場所が決まっているのですぐ
そこに移動するように誘導した。もう一つも車掌が同じように指示したが、
乗客の一人が地震のときは津波がくるので低いところにある避難場所は危険
なので、ここにいた方が安全だと提言した。この事例を取り上げて、学生に
対して「あなたなら、どうしますか」と問いかけた。もちろん、正解はない。
咄嗟の考える力が求められる。これは、日ごろから物事を考える習慣が身に
ついていなければ、できるものではない。リベラルアーツには日ごろから「考
える」という姿勢が重要であるとの譬えとして紹介された。同感である。筆
者は研究の一環として、多くのアメリカの著名なリベラルアーツの考えに精
通した人にインタビューしたことがあるで、彼らに一貫していたのは、「死
ぬまで考える」ことを怠らない「知の貪欲さ」であることを知った。そのよう
な瞬時の判断ができる学生に育てるには、○×式の試験には限界があるとの
見識を示された。新しい学習指導要領にもとづく大学入試では、これまでの
大学入試センター試験を排して、思考力を測る試験問題に切り替える。これ
は、「考える」ことを蔑ろにしてきた学校教育にメスが入ったことを示唆する。

　語学は話せれば良いというものではない。語学には「文化」が内在する。それが英語をネイティブとしている人にわかる英語教育を目指していることに通じる。ネイティブと話して「違和感」を感じさせないのは「文化」を理解しているからである。文化の理解には何が必要かを真剣に問うていくべきではないだろうか。

5）BYU の日本語教育──文脈の重要性について

　BYU の語学教育が優れているのは、「宣教（伝道）活動」で現地に赴き、生きたことばを身に付けることからきている。宣教活動はボランティアで、派遣先の「国を選ぶ」ことができない。与えられた場所で取り組む。渡部先生の場合は、ブラジルであった。それが「主体的学び」につながったというのである。「ことばは文化であり、文化はことばである」ということを対談で学んだ。

　言語教育では、教える側よりも、学ぶ側に重点が置かれる。すなわち、「主体的学び」である。したがって、言語教育の教授法も見直す必要がある。

　日本の英語教育についても議論になった。英語の「豆単」が受験生に流行した時代があったように、英語教育の主流は受験用単語を暗記することであった。それで事足りた。したがって、「文脈」で考えるというよりも「単語」で学ぶというイメージが強かった。その結果、個々の単語の意味は正しいが、話が通じないという不思議な「現象」が起こった。

　英語教育では文法や単語ではなく、「文脈」で考えるという視点が不可欠である。どのような状態で、この単語が使われるのかを考えることである。したがって、辞書の単語にない「表現」になることもある。どのようなときに使うかがわかるようになることが望ましい。話す相手や状況によっても違う。誰が誰に話すかということも重要な「文脈」である。

おわりに

　同時通訳者についても触れた。瞬時に翻訳する「技」にはリベラルアーツ的な柔軟な発想が要求される。渡部先生によれば、同時通訳者は聞いたこ

とばを翻訳しているのではない。聞いたことをまとめて「説明する」ことに心がけているという。したがって、説明がわかりやすい。同時通訳の場合は、話す側でなく、聞く側にどのようにわかりやすく説明するかが「鍵」になる。これは「学習者中心の教育」にも通じる。「説明」するとは「意味」を説明することである。これに関連して、2017年3月の帝京大学とBYUの教員研修で"Agency"を理解するのに参加者が混乱したことを取り上げ、その原因は"Agency"を辞書のことばのまま訳したところにあった。"Agency"には「宗教的な意味合い」が含まれているという文脈で読まなければ理解できないことがわかった。教員研修では、"Agency is the foundation of active learning"とか"Agent-centered learning"の事例を紹介してくれたことを思い出した。インターネットで"Agency"の宗教的な意味合いを検索した。Agency（名詞）は、ラテン語agere（動詞）に由来する。agereは「行う」という意味である。Agencyの意味には、「力を発揮するその様子」または、「行動している状態」がある。したがって、語源から考えると、「人に行動する能力、力を発揮する能力を与える」という意味になる。このことがわかると先の"Agency is the foundation of active learning"とか"Agent-centered learning"も理解できる。ここでも「ことばの力」を感じた。

コラム4　学生との対話を大切にする授業──コロンビア大学・キャロル・グラック教授

はじめに

今回の「コラム」では、キャロル・グラック『戦争の記憶─コロンビア大学特別講義─学生との対話─』（講談社現代新書、2019年）の著書を取り上げる。キャロル・グラックは、コロンビア大学歴史学の教授で、1941年アメリカ・ニュージャージーの生まれ。ウェルズリー・カレッジ卒業後、1977年、コロンビア大学で博士号を取得した。

東部の名門ウェルズリー・カレッジと聞けば、ジュリア・ロバーツ主演の映画『モナリザスマイル』を思い出す。このカレッジは伝統的なリベラルアーツ・カレッジで、MIT（マサチューセッツ工科大学）に隣接する女子の理系大学

としても有名である。これまで歴代の大統領夫
人を多く排出したことでも知られる。

　リベラルアーツ・カレッジは、基本的に大学
院を持たない「カレッジ」としてリベラルアー
ツ教育、すなわち、討論形式授業を重視するの
が特徴で、1950 年代後半に描かれた映画『モナ
リザスマイル』でもその片鱗を見せている。

　グラック教授の『戦争の記憶』の著書を取り
上げたのは、内容のユニークさにあることは言
うまでもないが、とくに注目したいのは、彼女
の「授業方法」である。それは著書の副題から
もわかるように、「学生との対話」を重視し、主

体的学びを促しているところにある。そのことは、終始一貫している。まさ
しく、「教育」でなく、「エデュケーション（Education）」という考えで、学生の
意見を引き出すコツの「絶妙さ」は卓越している。すなわち、教員の価値観
を押し付けるのではなく、オープンで「開かれた問い」を心がけている。

　実は、筆者はグラック教授が日本での研究留学から母校（コロンビア大学）
に戻った、「新進気鋭」の 1970 年代後半に、彼女の日本現代史の授業を直に
受けたことがある。あれから 30 年以上が経過した。著書を一読して、彼女
の授業方法が一貫していることに驚いた。学生との対話中心の教育は見事な
もので、これがリベラルアーツ教育なのかと感服した。

　グラック教授が、コロンビア大学に「凱旋」したときの座談会に参加した
ことがある。当時、筆者はティーチャーズ・カレッジ博士課程に在籍し、学
費免除特待生として、アジア関連図書館で図書雑誌の整理の仕事を手伝って
いた。グラック教授は大学院生のころは、「おとなしかった」そうである。

グラック教授の「戦争の記憶」についての授業——学生との対話——

　著書は、「戦争の記憶」について学生との徹底的な対話で構成されている。
パールハーバーから慰安婦までを網羅している。「戦争」は人の考えを露に

することから、学生たちの議論も活発である。

　実は、グラック教授の授業アプローチは筆者が受けた約30年前と変わっていない。筆者が受講したグラック教授の現代史では、勝新太郎主演『兵隊やくざ』(1965年) を取り上げたと記憶している。勝新太郎が演じる「大宮一等兵」と田村高廣が演じる「有田上等兵」が戦場における身分関係をユーモラスかつ爽快に描いている。また、淡路恵子が演じる「慰安所」の「音丸」も紅一点で印象的であった。野戦のさなかで「生きる」とは何かを絶妙に描写している。その後、シリーズとして8本の作品を制作しているが、パターンは同じで破天荒であるが、ユーモラスなところがある。

　当時は、「指定図書」で課題図書を「読破」するのが一般的であったが、グラック教授の場合、それに加えて日本映画鑑賞も課した。いま考えれば、「反転授業」の走りだったのかも知れない。上映時間は2時間余りなので、授業のない時間帯を利用して教室で一般の学生にも公開されたことを覚えている。

勝新太郎『兵隊やくざ』と「軍靴の音」

　この映画のことはあまり覚えていない。そこで、レンタルビデオで、なぜ、グラック教授が、当時、この映画を学生に見せたのか、その意図をあらためて考えることにした。1970年後半に履修したときは、そこまで深く考えず、単位を取ることだけしか眼中になかった。

　グラック教授は、著書の中で「歴史書というのは、基本的には『軍靴の音』にまつわる感情的な作用については教えてくれません。(兵士たちが近づいてくるときの) 軍靴の音を聞いた人が何をどう思ったのかについて、歴史書では伝えることが難しいのです。」と述べている。この「軍靴の音」に注目した。もしかしたら、この映画の中で描かれているのではないだろうかと閃いた。約30数年前には、「軍靴の音」など気にも留めなかった。

　この映画は、白黒なので戦争イメージがより鮮明に伝わった。「兵隊」と題した映画であるにもかかわらず、戦争シーンはない。映画の舞台は、太平洋戦争で日本の敗戦色が出はじめた1943年ころの「満洲」である。

　余談になるが、シリーズ後半では、満州からの引き揚げる場面が描かれて

おり、1945 年に生まれた筆者は、翌年、日本に引き揚げることになる母親と赤ん坊の姿を重ね合わせてみた。

　「軍靴の音」を確かめるのが目的だったのでヘッドフォーンをつけて聞いた。けたたましい靴音の響きがあった。それは兵舎の廊下を歩く足音や野外演習の行列で砂利道を踏む足音で脳裏まで響いた。グラック教授の「軍靴の音」は歴史書では知ることのできない、「記憶」でのみ残すことができるとの表現がわかったような気がした。

　「慰安婦」問題も果敢に取り上げた。そして、「慰安婦」のことを「軍隊の売春宿」とパラフレーズした。どの国も軍隊のための売春宿を持っていた。それは戦争の一つの「側面」であったとの彼女の指摘を裏づけるかのように、映画『兵隊やくざ』には「売春宿」が描かれ、荒々しい兵士の悶々とした中で唯一女気が描かれていた。明日の命も知れない兵士のひと時の安らぎである酒と女は戦場につきものだった。

　グラック教授のこのような「歴史観」はどこから育まれたのだろうか。多分、色川大吉東京経済大学名誉教授の影響が大きかったのではないだろうかと個人的に考える。その理由は、当時、日本はもとより、海外、とくにアメリカでは彼の研究方法論に「信奉」するものが多くいて、日本語で講演しても「弟子たち」が率先して通訳するほどの人気であった。色川氏の専門は、グラック教授に近い日本近代史で、とくに民衆思想史の研究では地方の土蔵に籠って古文書を調査することでも知られた。このような「人間観」の歴史研究がグラック教授に影響を与えたものと思われる。

　そのほかにも、講義で印象的だったのは、民衆が不安定な社会情勢を憂い、江戸時代の終わりから明治時代のはじめに一揆や打ちこわしが勃発した。これを「世直し一揆」と呼ばれ、「ええじゃないか」が歌とともに「世直し」運動を加速した。授業は映像や「ええじゃないか」の歌も交えたユニークなものであったことから筆者の記憶に残っている。まさしく、グラック教授は「知的エンターテーナー」で、その手法はアクティブラーナーである。

歴史方法論

　歴史は見方によって変わる。「第二次世界大戦」では、時折、「世界」が欠落して、日米大戦として見られることが多い。「世界」大戦という場合、ある一国のみの視点からでは語ることができないとグラック教授は警鐘を鳴らす。同感である。筆者も同じように考える。近現代史の授業をするとき、「世界史」の視点で考えるように促している。幕末・明治初期の時代であっても、当時、世界で何が起きていたかがわからなければ、一辺倒な理解に終わる。それでは「自国側からの視点」に偏る恐れがある。

　グラック教授のティーチング・フィロソフィー（授業哲学）にも注目したい。たとえば、「私は学生たちの見方を重んじ、ことあるごとに第二次世界大戦についての彼らの見解に耳を傾け、対話を続けてきた。」がそうである。さらに、「『講義』と言っても、これはむしろ対話であり、私は教える立場ではなく、対話相手もしくは対話の仲介役だった。」は、講義者ではなく、仲介者としてのファシリテータとの考えを示唆した。これは日米の大学授業法の顕著な違いである。

　著書では、「歴史」と「記憶」の違いについて力説している。つまり、「これは歴史なのか？　それとも記憶なのか？」という質問を繰り返している。その違いについて、「『歴史』というのは、歴史家が『歴史書』に書くもので、主に学者や一部の読者に読まれるものを指します。一方で『記憶』というのは、学校の教科書や国の記念館、記念祭や式典、映画や大衆文化、博物館や政治家のスピーチなどを媒介して多くの人々に伝達されます。」とその違いを峻別している。

さかのぼり日本史──ハーバート・パッシンの教え

　筆者は「歴史」が好きでなかった。なぜなら、面白くなかったからである。紙芝居ではないが、面白いところで次に続くように、これからというところで終わり、いつも「消化不良」であった。「過去から現代に至る」歴史には、「暗いイメージ」があり、好きになれなかった。

　グラック教授以上にコロンビア大学時代の筆者に影響を与えたのが、ハー

バート・パッシン社会学教授であった。彼は、筆者の学位論文審査委員の一人であった。彼の業績『日本近代化と教育』や『米陸軍日本語学校』などからもわかるように、あるとき、新聞紙面半分にパッシン教授本人の写真が載った「サントリーウィスキー」のコマーシャルが話題になったほどの日本通であった。敗戦後は、マッカーサー司令部統計課に所属して、戦後の日本の統計学の発展に寄与した。日本にはじめて世論調査の手法を紹介した。彼の専門は文化人類学で、好奇心旺盛であった。

　彼が筆者に「楽しい」歴史学の手ほどきをしてくれた。社会学的アプローチで、「現代」を起点として、過去に遡る手法である。社会学では「因果関係」を重視するので現在を起点とする歴史観は、その後の筆者の研究に強く結びついた。いまでこそ、「さかのぼり日本史」のようなものが、NHK教育テレビで2011年から歴史教養番組として注目されるようになったが、当時はそのような発想はなかった。

おわりに

　グラック教授は学生との対話のなかで「原爆」についても言及した。すなわち、「1942年には日本の都市を焼き尽くすことになる『ナパーム』が開発された。さらに、日本、ドイツ、アメリカは核分裂を用いた爆弾の開発にも着手した。そのうちアメリカだけが開発に成功し、1945年7月にはニューメキシコ州ではじめての原爆実験が行われた。重要なのは、原子爆弾は、ナパーム弾と同じように初めから使用する目的で開発されたという点である。懸念を示す人々はいたものの、原爆の使用は、軍部と政府の中では開発当初から「疑う余地のない前提」だった。議論の中心は原爆使用の是非についてより、どうすれば最も効果的な形で投下できるかにあった。5月には既にドイツが降伏しており、主だった敵国として最後に残っていたのが日本だった。そして8月6日と9日に、二つの原爆が広島と長崎に投下された。」がそうである。

　筆者は、1945年7月よりも早くに原爆実験は「可能」だったのではないかとの疑念を払拭できない。もし、仮に5月だとしたら、ドイツに投下することができたはずである。それを意図的に遅らせたのではないか。最初から投

下目標が日本にあったのではないかと疑っている。その根拠として、当時の原爆開発にはドイツ系物理学者が多く関与していたことをあげることができる。ドイツを憎んでアメリカに亡命したとはいえ、祖国に原爆を投下することには躊躇したはずである。その点、日本への投下は「民族的」な障壁はなかった。これは「歴史」ではなく、筆者の「記憶」に過ぎない。

コラム5　教養教育と図書館でわかる「大学の品格」

はじめに

　筆者は、京都情報大学院大学で「グローバル教育特論（学校・企業内教育国際比較研究）」を担当している。その講義のなかで、勝又美智雄氏との対談コンテンツ「グローバル教育から考える主体的学び—世界で活躍する人を育てる教育とは—」を教室外学習として学生に視聴してもらい、教室内での議論につなげている。タイトルは「グローバル教育」となっているが、グローバルな考えをもつには、リベラルアーツな考えが求められる。すなわち、「教養教育」ということである。『主体的学び』シリーズでは、これまでアメリカのリベラルアーツに関して取り上げた。

　筆者の講義を履修する学生の大半は中国からの留学生で、「グローバル教育」に関心を持っている。本対談の「グローバル教育」は欧米、アメリカを中心としたものであるが、中国からの留学生にも興味があるようである。筆者の大学院はIT専門職大学院で理系が多い。したがって、リベラルアーツ教育について深く学んだ経験のない学生がほとんどである。逆に、筆者は文系出身で、リベラルアーツ教育に関心があるので、はじめのころは「未知の世界」に迷い込んだ羊の存在であった。しかし、それが間違いであることに気づいた。時代は変わり、現在はITからICT、そして、STEMからSTEAMへと動き出している。そこでは、コミュニケーション（C）やアート（A）が中心に置かれる。すなわち、IT分野でもリベラルアーツな考えやコミュニケーションが求められる。

　IT系大学および大学院におけるリベラルアーツ教育とは何か。「表面上」

は大きな違いはないように見えるが、「内面上」は発想の転換を促し、柔軟な思考を育成し、その結果、新たなチャレンジへと仕向ける。建築デザインに譬えれば、「コンセプト」の違いということになる。

　勝又氏との対談を取り上げたのは、筆者の「嗜好」に過ぎない。グローバル教育を通して、リベラルアーツ教育について正面から議論できる人は少ない。多くは、机上の理論にもとづいた画一的な考えのものが多いが、勝又氏の場合は実践にもとづいた理論の裏づけがあり、「もの」が違う。何よりも新聞社出身のジャーナリストである。筆者は、常々、ジャーナリストはリベラルアーツな精神でなければいけないと考えている。なぜなら、人の意見に「翻弄」されるようでは、「真実」は書けないからである。以前、NHK テレビ放送で海外の教育を紹介する番組に、「ジャーナリスティックでなければ社会科じゃない」と題するアメリカのベストティーチャーを紹介する番組があり、これを授業でも紹介したことがある。

　本コラムの趣旨は、主体的学び研究所の動画アーカイブスのなかから、勝又美智雄氏との対談録画「グローバル教育から考える主体的学び─世界で活躍する人を育てる教育とは─」を起点に、筆者の持論も含めて紹介するものである。録画は約 3 時間におよぶ長さであるので、その一部を紹介しているに過ぎない。詳細は、同コンテンツを視聴してもらいたい。

写真：重田拓緒氏 (左)、勝又美智雄氏 (中央)、筆者 (右) (対談「グローバル教育から考える主体的学び─世界で活躍する人を育てる教育とは─」、2017 年 2 月 21 日)

図書館の機能が違う、「国際教養大学」

2004年に秋田市に開設された日本初の公立法人「国際教養大学」がある。入学者は当初100人という少人数のリベラルアーツカレッジとして誕生した。最大の特徴は、授業のすべてが英語で行われ、1年間の留学を義務づけている。単位認定が厳格で到達度を重視する。1年生は全寮制で、それ以外の学生の大半の9割が、寮や学内アパートに住んでいる。伝統的なアメリカ型ボーディングカレッジをイメージする。

リベラルアーツは、ラテン語の "Liber" を語源とするもので、Liberal Arts も Library も同じである。すなわち、リベラルアーツ教育を目指すには、図書館が要であることは語源からも裏づけられる。日米教育を比較する中で顕著な違いは、「図書館の機能」であると言っても過言ではない。国際教養大学はその良き事例である。とくに、「24時間・365日」オープンしているとは信じがたいことである。

写真：国際教養大学　中嶋記念図書館

https://web.aiu.ac.jp/library/outline/

　筆者は、以前、ある国立大学に勤務したことがある。比較の対象にならないが、同図書館について学生の評価は、建物が「暗い」、司書が「不親切」というのが「キャッチフレーズ」かのように異口同音に聞かれた。

　筆者は、「大学改革は図書館から」を持論としている。国際教養大学はこれを裏づける範例である。対談者の勝又氏は同大学図書館長であった。中嶋嶺雄学長は、図書館を「知のシンボル」と位置づけていたことから、24時間・365日オープンは当然の帰結であった。国公立の場合は、公務員視点で考えるので、国際教養大学のような柔軟な対応は考えられない。「知のシンボル」とは、学生の視点に立った発想である。とくに、国際教養大学の場合、全寮制であるので図書館は必須である。新しい図書館が2008年にオープンした。前掲の写真を参照。図書館は大学の「生命線」であり、図書館が充実していなければ優れた論文などは書けない。なぜ、日本はアメリカのように図書館が充実しないのか。筆者は、その理由の一つは出版事情からきているのではないかと考える。アメリカで出版することは容易でない。研究者として高い地位を確立した教授でも、出版までこぎ着けるには時間がかかる。本コラム2で紹介したジョン・タグの新書『神話』でも出版までに約10年を要した。

　出版事情が厳しいために、大学出版会などで助成金を活用して出版するが、結果的には、高価な書籍となり、個人では容易に購入できない。したがって、図書館が購入して読者や研究者に供する仕組みになっている。アメリカでは著名な研究者でも生涯を通して数冊しか出版できない。

指定図書のためにある図書館

　アメリカの学生には本を買わない「文化」のようなものがある。日本の場合は、すぐに購入するが十分に活用しない。大学教員のなかには「教科書」と称して本を強制的に買わせる者もいる。アメリカの場合は図書館が「受け皿」となり、本を購入している。その結果、「指定図書」という制度が誕生したと思われる。これは、図書館にある本を指定図書の課題として出すところから生まれたと考えられる。したがって、教室外「学修」ということになる。「指定図書」には「指定された図書館の書籍」という意味合いが含まれているので

はないかと考える。

　図書館に行って指定図書を読むのが面倒なので、書籍を購入して読めば、図書館に行く必要はないのではと考えることもできるが、それは違う。「指定図書」は、図書館に学生を行かせるための「仕掛け」にもなっている。「指定された」書籍を読むだけが目的でない。図書館に行けば、他の書籍にも触れることができ、知的好奇心を増進させる副作用も期待される。たとえば、新聞記事を読むときの「ザッピング」のような機能が図書館にもある。研究は、時として、「偶然」から生まれるものである。

専門家としての図書館司書

　筆者にとっては、日米教育の比較というよりも、日米図書館の比較と言っていいほど、「図書館」が鍵である。図書館だけでない。そこで働く「図書館司書」が専門家であるという印象が強い。図書館は、教員の「研究室」代わりもして、多くの教員が図書館を使って研究に没頭している。日本では、教員は「象牙の塔」にこもって研究するというイメージとはまったく違う。図書館には、戦後の童謡「めだかの学校」のように、「誰が先生か、誰が生徒か」わからない雰囲気が漂っている。同じ机で、同じ図書を利用して学生と一緒に学んでいる教員の姿は、日本では考えにくい。日本では、教員と学生は別だとの考えが根強い。

　日本の図書館長は、大学副学長クラスが就任することが多い。したがって、必ずしも、図書館司書のように図書館の専門家ではない。定年間際に、名誉職として就任するポストである。したがって、図書館長の任期も短く、在任中に図書館改革が行われたという話はあまり聞かない。

　アメリカの大学図書館司書は Curator と呼ばれる専門職である。たとえば、看護系の司書であれば、修士号か博士号を保持し、大学教授であってもおかしくない人がキューレイターをしている。したがって、学生への指導が図書に限らず、専門分野について指導もできる。教員と司書の違いが日本とアメリカでは根本的に違う。アメリカの大学教員の強みは、専門職を有したキューレイターが存在して、研究にしろ、授業にしろ、相談できる体制が整ってい

る。日本では司書の役割が異なり、学生が探している本について書庫へ案内するイメージが強い。

　これからの FD 職は、大学図書館においてキューレイターと一緒に、シラバスの準備をしたり、指定図書を考えたりする時代になってもらいたい。大学教育がオンライン授業に変わったことで、図書館の役割もおのずと変わった。ニューノーマル時代の図書館はどうあるべきか、司書はどうあるべきかを考える必要がある。最近は、大学や大学院の少人数ゼミ授業を図書館でやるところも出てきている。このように図書館の機能が変わり、使用方法も変わっている。その象徴が図書館を「ラーニングコモンズ（新しい学びの広場）」のように考え、図書館は静かに一人で本を読むというイメージから脱却して、「広場（コモンズ）」的な雰囲気に変わっている。したがって、「空間」が重要になる。20 数年以上前、カナダのダルハウジー大学が図書館にカップ付きコーヒーの持ち込みを許した「一大事件」から大きく変貌した。スターバックスコーヒーを提供している大学など珍しくない。ユタ州ユタバレー州立大学図書館には「寿司バー」コーナーもある。

国立国会図書館は「誰」のためにあるのか

　図書館を学生の知的刺激の場に供したいと考え、東洋英和女学院大学時代にフレッシュマンセミナーの学生を永田町の国立国会図書館に引率したことがあった。大学の図書館で探せる図書であっても、国会図書館まで足を運んで調べたレポートには「加点」したことがある。これは「苦労」して本を探す体験をさせるための「仕掛け」である。なぜ、苦労して国会図書館まで行かせるのか、大学図書館で良いではないかと考える方も多いかも知れない。筆者は FD の視点から、大学での学びとは何かを考え、それを実践させている。大学での学びは「学び方を学ぶ」ことである。換言すれば、自立的・自律的学習者を育てることである。大学を卒業した後は、指導教員はいない。「独りで学ぶ」ことになる。そのときに「学びの伴侶」となるのが「図書館」である。図書館を使えるかどうかは、人生における大きな「岐路」といえる。

　国立国会図書館に関するエピソードを紹介する。フレッシュマンセミナー

の学生を国会図書館に引率する手続きをしていたら、予期せぬ事態に遭遇した。それは「満18歳未満」は入館できないという「縛り」である。入館（しかも国会図書館）に年齢制限があるとは夢にも思わなかった。調べたところ、これは国会議員を対象としていることからであることがわかった。ただし、「レポート作成や卒業論文執筆などの調査研究のために、国立国会図書館にしかない資料を利用する必要があると認められる場合には、満18歳未満の方でも資料の利用ができます。」ということがわかり、特別に「裏口」から入館することができた。学生たちには、「知的刺激」を受ける貴重な体験となった。

　日本の大学もFD義務化の影響もあって、FDを専門とする教職員が増えたことは喜ばしい。しかし、「図書館を専門とする」FD担当者が少ない。これからは、図書館を専門とするFDerのリクルートが不可欠である。それが実現すれば、教員と学生が「図書を媒体」として、さらなる改善につながることは論を俟たない。

教育と研究の「狭間」

　日本の大学教員は、教育と研究の「狭間」にいる。それは「中間」という意味合いではない。「中途半端」という意味である。日本でFDが発展できない理由について、勝又氏は教員（とくに国立大学の場合）の仕事は、「研究」であって、「教育」は個人的なものに過ぎず、「勝手にやれ」という「暗黙の了解」があると語っている。同感である。FD義務化の最大の欠陥は、義務化が個々の教員に対してではなく、大学（機関）に対して行われたことから「研究」と「教育」の乖離を助長することになった。この責任は、文部科学省にある。FD義務化の社会的背景は、「研究」は優れているかも知れないが、学生の「教育」に対しては「未熟」との批判があったことは否めない。これは大学とは、「象牙の塔」に籠り「研究三昧」するところであるとの伝統から由来している。義務化を契機に、教員の教育のための研修（FD）と職員の学生のための研修（SD）が活発に動き出すようになった。

　日本では教員と職員の間にも「断絶」がある。すなわち、教員が「上」で職員が「下」という考えである。勝又氏の大学は新しい大学で「0」からスター

トしたこともあり、「車の両輪」に譬えて、教員と職員を「対等」に位置づけている。学生と接する時間が教員よりも多い職員の研修（SD）は重要である。このスタッフ（S）とスチューデント（S）は同じである。

　大学における「研究」と「教育」の「狭間」の解消は「永遠」のテーマである。この問題に関して『教育学術新聞』で「新型コロナウィルスとアカウンタビリティ」と題して述べることにしている。大学あるいは教員に対して、学生の支払った授業料への「教育還元」が北米を中心に拡大している。これまで日本では、この問題は「蚊帳の外」に置かれ、教育は「神聖なもの」と敬っていたところが多々あった。しかし、新型コロナの影響で見直されるようになり、授業料に見合うだけの教育が還元されているのか。オンライン授業では可視化できないところから、一気に、授業料返還の機運が高まっている。

教育・研究・社会貢献・大学業務のバランス

　ファカルティ（教員）の仕事とは、研究が80％で教育が20％と考える関係者が多い。しかし、国際教養大学の場合は違う。どのようなバランスが良いかということで勝又氏が発案したのが、教育4（4割を教育に充てる）、研究3（3割を研究に充てる）、社会貢献2（2割を地域社会貢献に充てる）、大学業務1（1割を大学の入試などの業務に充てる）である。日本の大学の弊害は、大した研究もしていないのに、研究をしているという名のもとに、「教育も疎かにしている」ところにある。

　国際教養大学は3年任期制で、「4－3－2－1」の指標を徹底し、教員に自己申告してもらい、到達できたかどうかで評価するシステムを採用している。これは、クイーンズ大学の Staff Development 評価について、Joy Mighty CTL センター長にインタビューしたときに聞いたものと同じである。したがって、SD 的な発想で、日本の大学では珍しい評価システムといえる。年度初めに自己申告し、年度末に到達度を自己申告し、最終的に自己評価につなげるシステムである。きわめて合理的である。自己評価して、次年度につなげる。この評価システムは、10段階評価で5以上の評価を目指す、可視化された教員評価システムである。大半の日本の大学における人事評価が「密

室」で行われ、不透明なものが多いのに対して公平であるとの印象を受ける。

　学生の授業料に対する教育還元（アカウンタビリティ）が問われるなかでも、日本の大学では曖昧模糊のまま、多くの教員が研究に費やしている。大学は研究所ではない。大学は学生に教育を施す機関である。したがって、給与明細書は「教育職」となっている。この点、北里大学の取り組みは参考になる。教員が大学で研究をすることは拒まないが、大学は学生を教育することが「第一義的」でなければならないとしている。したがって、研究をすることは構わないが、研究成果は学生にも「還元」されるべきものでなければならない。すなわち、学生にとって研究と教育が一体化していることになる。

学部教育がすべて

　日本の大学では、学部教育が蔑ろにされている。その象徴たるものが大学教員の肩書である。「〇〇大学院教授」というものが見られるが、これは日本だけに通用する滑稽なもので、外国から見ると、どういう教授なのか首を傾げたくなる。当の教員は、「大学院教授」は「学部教授」よりも優れていると「自慢」げに名刺に印刷しているのかも知れないが、そのような名称は世界では通用しない。また、自分は「研究者」であるとアピールしているのかもわからないが「自己満足」に過ぎない。そのような名称が通用するのは「大学院大学」で、学部教育を持たない大学に限られる。

　大学が研究を重視するとの考えは、発展途上国的な発想に過ぎない。グローバル社会では通用しない、「ガラパゴス」である。優れた研究は学部教育の上にあるとの認識が欠落している。大学院教授との自負があるのであれば、逆に「〇〇大学教授」の方がわかる人にはわかる。

　ハーバード大学やコロンビア大学が優れているのは、学部教育で優れた教育を行っているからである。学部教育は「教育」、大学院教育は「研究」となっているが、その研究につながるのは「教育」である。優れた「教育」のないところに、優れた「研究」はない。大学院の「研究」よりも、学部「教育」の方が難しい。日本では旧制大学の悪い慣習があり、研究指導（ゼミ）はベテランが指導、一般教養のような教養教育は若手の教員でも良いという安直な考えが

蔓延している。まったく逆である。学部教育、とくに初年次教育こそ、碩学のような優れた教員を配置すべきである。なぜなら、「玉石混淆」の学生が入り混じっているからである。大学院は選抜されたものだけを教えれば良いのである。

　戦後日本の大学院改革の審議では、「大学院は原則として、とくにそれに専属する教員を置かない。若しこれを置くときは、学部の教員との間に上下の観念を生ずるおそれがあるからである。学部の教員を充実することによって大学院の課程を担当し得るように教員組織を考慮することが必要である。」（拙著『戦後日本の高等教育改革政策―「教養教育」の構築』玉川大学出版部、2006年、291頁）として、悪しき事例が起こらないように警告していた。

おわりに

　本稿は、国際教養大学名誉教授勝又美智雄氏との対談映像を起点として、アメリカの大学における教養教育や図書館、そして教職員について、日本と対比しながら論じた。2013年6月に中嶋嶺雄学長の後を受けて、理事長・学長に就任した鈴木典比古氏のインタビュー記事が『IKUEI NEWS』（2015年7月、Vol. 71）の「大学を訪ねて」（第40回）に掲載されている。その中から鈴木氏の教養教育についての考えを、以下に紹介する。

　冒頭で、「世界及び日本の教育の流れはどう変化しているのでしょうか」との質問に対して、「21世紀に入り、世界の高等教育の流れは教養教育重視へ向かっています」と明確に答えている。そして、具体的に事例をあげ、「私は20世紀までの教育というのは『人工植林型』の教育であったと形容しています。同じ考え方の者が集まり、同じような教育を受け、同じような人材を作り出す。これは20世紀までの産業社会が必要とする人材にマッチしていました。しかし、多様な人材が必要される21世紀においては『人工植林型』ではなく『雑木林型』の教育が必要です。雑木林というのは、異なる種の植物が混在し、その一本一本が太陽を求めて上へ伸びていく。雑然としているけれど、森の中ではお互いが切磋琢磨して、一人一人が個性的に成長する。活気があり、四季折々に様子が変わっていくという、多様性がある教育。そ

れが教養教育なのです。」と述べている。少々、長い引用になったが、「人工
植林型」から「雑木林型」への譬えは、教養教育の本質を如実に表現している。
筆者の授業でも20世紀までの教育が産業社会の人材養成に「マッチ」したも
のであるとして、学生にチャップリンの「モダンタイムス」の動画を紹介し
ている。鈴木氏は、「雑木林型」教育のことを「一人として同じ人間は育てない」
とする教育方針を掲げている。

　図書館についてはどうなのか。同じく『IKUEI NEWS』(2016年1月、Vol. 73) で、
楓セビル「アメリカン・キャンパス・ライフ㉓　米国大学図書館の現状と未来」
を取り上げている。その中で、デジタル・ライブラリーと伝統的な図書館の
「葛藤」や新世代の学生を取り込むために変化する大学図書館が具体的な事
例とともに紹介されている。とくに、筆者の目に留まったのは「未来の大学
図書館はどこへいく？」である。そこでは、これからの図書館は、毎日の授業、
アクティビティ、教授たちのカリキュラムなどと密な関係を持つようになら
ねばならないとしている。そして、「あの大学には素晴らしい図書館がある
から入学しようという学生が多くなることが、大学図書館の未来だと信じて
いる」という大学関係者のコメントを紹介している。

　偏差値や就職率の高さで大学を「分別」するのではなく、大学教育の本質
である教養教育や図書館の「品格」で決めて欲しいと願っているのは、筆者
だけではないはずである。

　参考情報：国会図書館の利用資格の年齢について
　　平成14年1月1日 利用資格年齢引き下げ
　　(18歳以上。平成25年　若年層入館利用機会の拡充)
　　https://www.ndl.go.jp/jp/aboutus/outline/history/short_history.html

コラム6　「一枚」の史料で歴史が動いた

はじめに

　歴史は面白い。それは「通説を疑う」ところからはじまる。歴史は鏡であ

り、過去、現在、未来をつなぐ「点と線」である。「コラム 4」と「コラム 5」では、歴史問題を取り上げた。本稿でも歴史に焦点を当てる。

　「一枚」や「一つ」の表現は、読者の注目を引きつける効果がある。たとえば、拙著『社会で通用する持続可能なアクティブラーニング―ICE モデルが大学と社会をつなぐ―』(東信堂、2017 年) で引用した『たった一つを変えるだけ―クラスも教師も自立する「質問づくり」』(新評論、2015 年) は、アメリカの学校で質問することが、いかに重要であるかを問いかけたベストセラーである。ここでも「一つ」という表現がキーポイントである。堀哲夫『教育評価の本質を問う　一枚ポートフォリオ評価 OPPA―一枚の用紙の可能性』(東洋館出版社、2013 年) も「一枚ポートフォリオ」が読者を引きつけている。さらに、「コラム 3―言語教育を通して学ぶ大切なもの」で紹介した YouTube「『ことばの力』たったワンフレーズで世界が変わる！」(https://www.youtube.com/watch?v=ubYFXTLS6-U) でも、「ワンフレーズ」という表現が読者の興味をそそる。

　実は、戦後日本の教育改革の通説を覆したのも「一枚」の史料であった。これが戦後日本の歴史を「動かす」契機になった。以前、NHK 番組で「その時歴史が動いた」というのがあった。それを彷彿させるものである。その後、「歴史秘話ヒストリア」と変わった。本稿も「一枚」の史料が歴史を動かしたというドラマである。

　『その時歴史が動いた』NHK オンデマンド

　https://www.nhk-ondemand.jp/program/P200800001900000/index.html

六・三・三学校制度「押しつけ論」の「虚像」

　戦後の六・三・三学校制度がアメリカ占領軍の「押しつけ」との「俗説」は、史実にもとづいたものではなく、「記憶」として人々に語り継がれたものである。未だに、そのように信じている識者もいる。当時、「押しつけ論」を疑う研究者もいたが、少数派に過ぎなかった。何よりも、そのことを裏づける証拠史料が探せなかった。

　なぜ、そのような「俗論」がまかり通ったのか。これは「コラム 7」で紹介した、田中角栄による証言の影響が大きかった。一国の首相でさえも、その

ように信じ込んでいたのであるから、「末端」の国民は言うに及ばない。すなわち、「戦後の教育改革、とくに、六・三・三・四制は、アメリカのわずか一州で試行的に行われたに過ぎない未熟な制度を日本に押し付けたもの」という趣旨のことを述べている。(詳細は、拙著『米国教育使節団の研究』玉川大学出版部、1991 年、13 頁)。

「コラム 4」では、キャロル・グラック教授のコロンビア大学の歴史授業で戦争問題を「歴史」と「記憶」として取り上げ、「記憶」がどのように人々を「マインドコントロール」しているかを紹介した。戦争は、国民の感情を露にし、時として、「歴史」を逸脱して「記憶」に変貌させる。まさしく、田中角栄の証言は、その「最たるもの」である。

拙著『米国教育使節団の研究』(玉川大学出版部、1991 年)「序章」のところで、「押しつけ論」について、「戦後の日本の人々は、かつてじぶんたちが占領地にむかって押し付けた日本的と称する物の考え方や制度とおなじように、アメリカ占領軍も一方的な押しつけをやるものだと、みずから早合点してしまう」との先行研究を引用している。すなわち、「自分の経験」でしか物事を判断できないという度量の狭さである。裏を返せば、占領軍の行為を自らに置き換えたに過ぎない。

「押しつけ論」を覆した「一枚」の史料の発掘

「歴史は見方」で変わる。たとえば、NHK 大河ドラマ時代劇の場合、放送されるたびに、歴史の見方が変わる。前回の『麒麟がくる』でも、織田信長や明智光秀の「評価」がこれまでとは変わった脚色となっている。時代の変遷もあるが、むしろ脚本家の視点が大きい。

筆者が、占領下日本の教育改革の研究をはじめた 1980 年代中頃、すでに多くの研究者によって研究がし尽くされ、「焼け野原」状態であった。すなわち、新たな研究をはじめる「余地」がなかった。研究するには「先行研究」が重要になる。それは多すぎても、少なすぎても良くない。筆者の場合は、前者であった。

どうすれば良いか悩んだ末、発想の転換が必要であることに気づいた。そ

れまでの占領史研究が日本側の史料に依拠した「被占領国」を中心とした研究であった。占領とは、「占領する側」と「占領される側」の双方の視点がなければ、客観性に欠け、「記録」よりも「記憶」に偏る恐れがあることは、後述の田中角栄の証言からも明らかである。したがって、研究視点をアメリカ側に置くことにした。

　「コラム 4」で紹介したように、筆者の歴史研究アプローチは、コロンビア大学ハーバート・パッシン教授の影響を受け、「現在」を起点に、「オーラルヒストリー」手法を用いた。すなわち、当事者へのインタビューに重点を置き、それを裏づけるために史料を探すというもので、日本における研究方法論とは違った。結果的には、それが功を奏した。

人の言葉を「鵜呑みにするな！」

　史料の発掘には、リベラルアーツな批判的精神が必要である。そこでは、史料は「足で探せ」を貫いた。「従順さ」は、良いことであるが、こと研究に関しては望ましくない。

　実は、「一枚」の史料の「世紀の大発見」は、ワシントン大学図書館の公文書館のダンボール箱の中から「偶然」見つかった。優れた歴史研究には、「一次史料」が欠かせないことを裏づけた。

　東京大学の学位論文審査にあたった某教授に、「これだけの史料があるなら、もっと素晴らしい研究論文が書けたのでは？」と言わせるほどの重要文書の発掘であった。どのような内容の史料かは後述する。

　人生にも研究にも「偶然」は付きものである。この占領文書は、1946 年 3 月来日した 27 名のうちの米国教育使節団員 4 名の中の一人の女性、パール・ワナメーカー（当時、ワシントン州教育局, State Superintendent of Public School）が後年、ワシントン大学ヘンリースザロー図書館の公文書館に寄贈した数十箱におよぶ「ワナメーカー文書（もんじょ）」と呼ばれるものに含まれていた。彼女は、1950 年の第二次米国教育使節団団員としても来日したことから、多くの研究者から注目され、「ワナメーカー文書」に関する調査はやり尽くされていた。

　同ワシントン大学で博士学位を取得し、その後、スタンフォード大学フー
バー研究所で占領下教育改革の研究に従事し、『マッカーサーの犯罪』の著
者としても知られる西鋭夫氏は、誰よりも早くに「ワナメーカー文書」にア
クセスできた。そのほかにも、この分野の研究者であるハワイ大学エドワー
ド・ボーシャム氏、日本のハリー・レイ氏などの研究者が、すでに調査を済
ませた後であった。「ワナメーカー文書」を調査するにあたり、前掲の研究
者に史料について問い合わせたところ、口を揃えて「調査済み」なので「無駄
足」ではないかとの消極的な回答であった。したがって、筆者のワシントン
大学での調査は、オーラルヒストリーの一環として、当時、GHQ/CI&E で
通訳担当官をしていた日系二世ジェームス・ドイ教授（当時は、ワシントン大
学教育学部長）へのインタビューが目的で、「ワナメーカー文書」の調査は予
定に入っていなかった。

　ところが、夕方から飛行機が欠航するほどの大雪に見舞われ、ワシントン
大学ゲストハウスに数日間足止めされた。そのため、図書館しか時間を潰
すところがなく、同公文書館で「ワナメーカー文書」を調査することにして、
ダンボール箱に目を通した。当時は、マイクロフィルムではなく、オリジナ
ル文書に目を通した。時間的な制約もあり、可能な限り、史料をコピーして
日本に郵送した。その時点では、「一枚」の史料には気がつかなかった。

　余談になるが、スタンフォード大学では、占領史研究の「バイブル」的な
存在として GHQ/CI&E 課員ジョセフ・トレーナの「トレーナ文書」が注目さ
れ、日本からの研究者「詣で」と化していた。史料のコピーは、一人 100 枚
までと制限されていた。筆者は、スタンフォード大学の学生アルバイトを雇っ
て、多くのコピーを入手したことを思い出す。

　帰国後も「ワナメーカー文書」の入った郵便物は部屋の片隅に置かれたま
まであった。家内から片づけるように催促され、渋々とダンボール箱の整理
をはじめた。その中から、「一枚」の史料が見つかったのである。それが、グラッ
ク教授の「序文」で紹介している「六・五制の学校制度」に関するものであった。
以下に再掲する。

　「アメリカ型学校制度の改革は、アメリカ人ではなく日本人に端を発して

いるようである。教育使節団は当初、六・五学校制度、六年間の小学校とそれに続く五年間の中等学校を提案した。六・三・三制を主張したのは日本側教育家委員会であり、単線型学校制度を導入するという明確な目的があった。教育使節団は意見の一致をみなかったが、南原繁が『アメリカの学校制度』と呼んだものに賛成した。日本の有力な教育者である海後宗臣も同様に、機会均等の観点から教育の民主化を主張した」。

　以下が、その英文を紹介した記事で、拙著『米国教育使節団の研究』に含まれている。

　史料の重大さを鑑み、ワシントン大学図書館・ワナメーカー文書所蔵から原文を紹介する。

　1）写真①が、ワナメーカーが所属した初等・中等学校を担当した教育使節団第三委員会レポートの表紙で、これが「まぼろしの報告書」として、長い間、埋没されていたものである。

　2）写真②は、六年制の初等教育を義務教育とし、男女共学とすることを提言したものである。さらに、五年制の男女平等の中等教育、そのうちの三年間を義務教育にすると提言している。（注：これは戦前の六・五制の継承である。9年間の義務教育にするために、五年制の中等教育を分割して、最初の3年を義務教育に組み入れている。すなわち、義務教育の部分とそうでない部分が同居していることからも、第三委員会は最初から、六・三・三制という考え方がなかったことを裏づけるものである）

　3）写真③は、ワナメーカーの議論中の手書きのメモである。

REPORT OF COMMITTEE III OF USEM

Administration of Education
in Japan at Elementary and
Secondary Levels

BASIC EDUCATIONAL PRINCIPLES

The Inalienable and universal rights of human beings
to life, liberty and the pursuit of happiness are realized
largely through the process of education.

Schools are established to supplement and enrich the
experiences of human beings. The individual is educated as
he reacts to his experiences.

教育使節団第三委員会が
六・五制を勧告した草案
ワシントン大学図書館・ワナメー
カー文書所蔵

写真①　教育使節団第三委員会レポートの表紙

教育使節団第三委員会が六・五制を勧告した草案
（ワシントン大学図書館・ワナメーカー文書所蔵）
出典：拙著『米国教育使節団の研究』（玉川大学出版部、1991 年）

REPORT OF COMMITTEE III OF USEM

Administration of Education

in Japan at Elementary and

Secondary Levels

BASIC EDUCATIONAL PRINCIPLES

The Inalienable and universal rights of human beings
to life, liberty and the pursuit of happiness are realized
largely through the process of education.

Schools are established to supplement and enrich the
experiences of human beings. The individual is educated as
he reacts to his experiences.

The six year elementary school should be entirely free
and attendance compulsory. No form of tuition should be
charged. The program of instruction should be such as to pre-
pare children to became healthy, active, thinking citizens
eager to develop all of their innate abilities and to be pre-
pared to take their places in a society that is becoming more
and more free.

We are convinced that girls are the equal of boys
mentally. We therefore recommend that schools be conducted
on a co-educational basis. We recommend that the five-year
middle schools be made easily available to all the girls and
boys on a co-educational basis and that they be free from all
tuition costs to children. We recommend that attendance of

写真②　六年制の初等教育を義務教育とし、男女共学とすることを提言している。

The six year elementary school should be entirely free

and attendance compulsory. No form of tuition should be

charged. The program of instruction should be such as to pre-

pare children to became healthy, active, thinking citizens

eager to develop all of their innate abilities and to be pre-

pared to take their paces in a society that is becoming more

and more free.

We are convinced that girls are the equal of boys

mentally. We therefore recommend that schools be conducted

on a co-educational basis. We recommend that the five-year

middle schools be made easily available to all the girls and

boys on a co-educational basis and that they be free from all

tuitions costs to children. We recommend that attendance of all children be compulsory during the first three years.

These middle schools should be adapted to the personal needs of all the children giving opportunity for the development of all talents and preparing all children to live useful and happy democratic lives participating skillfully in all lines of endeavor in Japan.

Counselling help should be made available in order that each child may be helped to prepare for the work which he will do well and enjoy.

Higher schools should be free and open to all. They should be co-educational and expanded to include sufficient course offerings to serve the needs of all who wish to attend in order that they may develop personally and be better prepared to participate in the varied activities of their country.

Youth schools are inadequately housed, poorly programmed and lacking in facilities and leadership. We suggest that they be developed into full scale vocational schools. Vocational schools should provide full opportunity for the development of skill and proficiency on the part of those who desire to prepare for specific occupations.

Courses in industrial, commercial, business, agricultural, home-making and vocational education, for all who

写真③ワナメーカーの議論中、(3year)-after 5year, Revise, Middle Grade Schools などの手書きメモ

all children be compulsory during the first three years.

These middle schools should be adapted to the personal
needs of all the children giving opportunity for the develop-
ment of all talents and preparing all children to live use-
ful and happy democratic lives participating skillfully in
all lines of endeavor in Japan.

Counselling help should be made available in order
that each child may be helped to prepare for the work which
he will do well and enjoy.

Higher schools should be free and open to all. They
should be co-educational and expanded to include sufficient
course offerings to serve the needs of all who wish to at-
tend in order that they may develop personally and be better
prepared to participants in the varied activities of their
country.

Youth schools are inadequately housed, poorly pro-
grammed and lacking in facilities and leadership. We suggest
that they be developed into full scale vocational schools.
Vocational schools should provide full opportunity for the
development of skill and proficiency on the part of those who
desire to prepare for specific occupations.

Courses in industrial, commercial, business, agricul-
tural home-making and vocational education, for all who

当時、『米国教育使節団報告書』が勧告した六・三・三学校制度のことし
か念頭になかった。まさか、アメリカ教育使節団が戦前の学校制度を、戦後
の学校制度を代案するとは考えてもいなかった。したがって、その「一枚」
を手に取って読んだときも、最初は、何のことか良くわからなかった。そして、

前後の文書を読んでいくうちに、手が震えてきた。「これは大変な史料だ !!! 」と、怖くなった。

　なぜなら、当時、中曽根首相のもとで「臨時教育審議会」(通称、臨教審) が設置され、戦後学校制度の抜本的な見直しが叫ばれていた最中であった。中曽根も、「六・三・三制の学校制度」は占領軍の「押しつけ」だと頑なに信じ、戦前の学校制度に戻せと息巻いていた。この「一枚」の史料は、臨教審の「議論」でさえも「空中分解」させるほどの威力があった。そこで、密かに『読売新聞』社会部・乳井昌史記者と企画して、この「一枚」の史料を新聞でスクープすることにして、1984 年 8 月 29 日付け『読売新聞』夕刊に大々的に報道された。

ワナメーカー「生存」を知る

　「ワナメーカー文書」の発掘より驚いたことがあった。それはパール・ワナメーカーの「生存」を偶然に知ったことである。これは思いもよらない「幸運」であった。

　「ワナメーカー文書」の発掘で占領史研究が飛躍的に伸びた。数年後、ワシントン大学公文書館を訪問して、「ワナメーカー文書」への謝辞を伝え、同時に、ワナメーカーに表敬訪問したい旨を伝えたところ、公文書館担当者から数年前に亡くなったと聞かされた。後に判明したことであるが、ワナメーカーは、1964 年に脳卒中で倒れ、半身不随の車椅子生活を 10 数年も強いられ、自宅マンションから外出もできない状況にあった。

　次の訪問先であるマサチューセッツ州在住ゴードン・ボールズ氏へのインタビューにボストンへ向かった。ボールズ氏に「ワナメーカー文書」のことについて話し、シアトルでワナメーカーを表敬訪問する予定であったが「実現できなかった」と説明した。すると、ボールズ氏が「ワナメーカー」の住所を突き止め、電話してくれた。電話口で応対したのは身の回りの世話をしている娘さんであった。ボールズ氏が 20 数年前の 1946 年アメリカ教育使節団として来日したことを説明したら、母 (ワナメーカー) と同居しているとのことであった。筆者が、表敬訪問したいことを伝えてもらったら、半身不随で 10 数年も人に会っていないということで断られたが、数分でも良いからと

懇願して、15 分の面談を取り付けた。ボストンへ飛んできたばかりであったが、「とんぼ返り」でシアトルに戻った。

感動の対面

　1984 年 8 月 16 日、午後 2 時、シアトルで「感動の対面」が実現した。当日は、筆者のために、当時の秘書（Borghild Helgesen）も同席した。彼女が「ワナメーカー文書」を残していなければ、あるいは先駆者が「その一枚の史料」を発掘していれば、いまの筆者はないと言っても過言でない。

　ワナメーカーは、シアトル市内が眺望できる高台のマンションの一室で筆者を迎えてくれた。感動の瞬間であった。どのように自己紹介したらよいか、ボストンからの飛行機の中で考えた。そして、六・三・三学校制度の「申し子」が、こんなに成長しましたと自己紹介した。彼女に伝わったらしく微笑んでくれた。15 分の面談が 30 分以上に及んだ。半身不随で右手が麻痺して、喋ることも筆記も不自由であった。

　筆者は、オーラルヒストリーで対談した関係者とは、必ず記念写真を撮り、6 つ切りサイズにして 2 枚を送付して、1 枚にサインして送り返してもらい、額縁に入れて保管することにしていた。すべての関係者が他界したいま、筆者の宝庫となっている。半身不随で車椅子の彼女と一緒にツーショットを撮ることに躊躇したが、これが最後かも知れないと、思い切って頼んだら快諾してくれた。別れを惜しんで、エレベーターで道路まで降りてきてくれた。娘さん（Mrs. Johanna McCullough）が、ワナメーカーが下まで降りるのは 10 数年ぶりだと驚いて話してくれた。

　日本から 6 つ切り写真を送ったが戻ってこない。サインするのが難しいのかも知れないと案じ、娘さんに「代筆」を頼んだら、しばらくして返事がきた。「母がどうしても自分でサインしたい」ということで時間がかかったと説明し、「左手」でサインした写真が郵送されてきた。以下が、その「感動」の写真である。彼女の左手のサイン跡に注目してもらいたい。その後、すぐにワナメーカーは他界したことになる。それは、1984 年 12 月 5 日享年 85 であった。まさに、「運命」の出会いであった。

Dear dr. Gary Tsuchimochi,

It is with a sad heart,
that I must inform you that
Mrs. Wanamaker passed away
suddenly early in December.

How fortunate it was
to have met with you. Your
country and the Japanese
people held an important
place in her life and heart.

Thank you for the
magnificent pictures and the
beautiful scarf.

写真：ワナメーカー氏の娘さん (Mrs. Johanna McCullough) から送られた筆者宛の Thank you Card のメッセージ。

「60.1.23」は、筆者による管理上の押印で、カードの受け取り年月日。

写真：筆者からのスカーフを身に着けたパール・ワナメーカー氏（左）と筆者（右）
（シアトルのワナメーカー氏宅にて、1984年8月16日。右下にワナメーカー氏の自筆サイン。）

おわりに——「その一枚が歴史を動かした」

　本稿は、「ノンフィクション」ドラマである。実は、アメリカ教育使節団の日本滞在に関する詳細な日記が残されている。これは同じ教育使節団員がまとめた「ギブンズ日記」と呼ばれ、筆者の『米国教育使節団の研究』巻末に翻訳して収録されている。その中に、興味深い事実が含まれている。それは、「一枚」の史料の「草案」があったことを示唆する記録である。すなわち、「ギブンズ日記」の1946年3月23日（土）には、以下のように記載されている。

　「（前略）空いた時間を使ってレポートの再編と校正をした。私（注：ギブンズのこと）が改訂されたレポートを口述筆記させ、夜までに使節団全員に検討してもらうための25ページにわたるレポートの謄写版コピーを30部作成した。（中略）われわれのなかでとくに初等。中等学校レベルの公立学校の教育に関心をもっていた委員は日本の大衆に良い教育を与える機会が保障され

るような勧告をしようと決意していた。時々かなりの激論になりながら、われわれのレポートの討論は 11 時半までつづき、訂正や削除と補足すべきところの助言を受けたのち承認された。それが完了したのち編集委員に送られ、全体のレポートのなかに組みこまれることになった。」

　ストッダード団長は、『米国教育使節団報告書』が完成すると、すべての分科会の草案や議論メモを処分するように指示した。そうしなければ、『報告書』の影響力を弱めると危惧したからである。「30 部」準備された分科会の草案も抹消されたことになっていた。したがって、六・五制の学校制度を議論した分科会の草案も「発掘」されることはなかった。したがって、長い間「まぼろしの草案」と呼ばれた所以である。それが、偶然、「ワナメーカー文書」の中に発掘されたのである。これが、戦後教育史を紐解く「一枚」の奇跡的な史料であったことは間違いない。

　筆者の推測に過ぎないが、ワナメーカーはほかにも、滞在先・帝国ホテルのナプキンやマッチなどまで持ち帰り、ワシントン大学公文書館に寄贈していることから考えると、彼女の「几帳面さ」から、分科会の草案も処分しないで密かに持ち帰ったのではないだろうかと考える。これが「歴史」研究の醍醐味である。

コラム 7　キャロル・グラック教授からの「序文」

はじめに

　筆者の戦後教育史に関するインタビュー「土持ゲーリー法一氏に聞く―占領期教育改革研究の回想―」が、明星大学戦後教育史センター『戦後教育史研究』第 32 号（2019 年 3 月）に掲載された。これは、横浜市立大学高橋寛人教授によって、2018 年 9 月 7 日に帝京大学八王子キャンパスでインタビューされたものである。

　筆者は、この十数年間、占領史研究から遠ざかっていたので、インタビューを通して多くの「記憶」が甦った。筆者の研究の集大成は『米国教育使節団の研究』であり、玉川大学出版部から 1996 年に刊行された。これは、東京大学

大学院博士論文を刊行したもので、出版にあたり、コロンビア大学ドナルド・キーン (Donald Keene) 教授から、以下のような「推薦のことば」をもらった。

「太平洋戦争の終焉は私の記憶に余りにも鮮やかに残っているので、それから46年も経ったことが信じがたい。また、当時簡単に手に入れられるような書類は行方不明になったり、消滅したりしているので、占領時代の日本の改革を研究する学者にとっては発掘作業以外に方法がない。幸い、戦後における日本の教育に大きな影響を及ぼした米国教育使節団に関する文献は、土持法一教授によって見付けられ、優れた研究として纏められた。理想と現

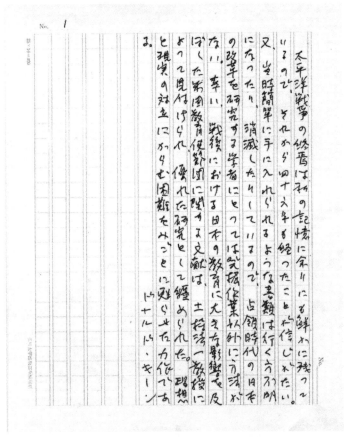

写真：ドナルド・キーン先生直筆の推薦のことば（筆者所蔵コピー）**1996年**

実の対立にからむ困難をみごとに甦らせた力作である。」

　キーン教授からの「推薦のことば」は、達筆な日本語で綴られていたが、残念ながらオリジナルは玉川出版部に保管され、筆者の手元には以下のコピーしかない。

　また、筆者の英文著書 *Education Reform in Postwar Japan : The 1946 U.S. Education Mission* (University of Tokyo Press, 1993) は、『米国教育使節団の研究』をもとに英語版にしたもので東京大学出版会から刊行された。英語版では、本稿で取り上げる、コロンビア大学キャロル・グラック (Carol Gluck) 教授からの序文 (Foreword) が掲載された。

　『大辞泉』によれば、「序文」とは、書物のまえがきの文章で、著述の趣旨や成立の由来などを記したものであると説明されている。一読すればわかるように、詳細な内容の「序文」である。

Education Reform in Postwar Japan : The 1946 U.S. Education Mission
(University of Tokyo Press, 1993) の表紙

　拙著は、日本占領史に関する数少ない英文書籍であり、アメリカでも注目された。当時、ビル・クリントン大統領にも「献本」して礼状をもらった。占領史研究の世界的権威者ジョン・ダワー『敗北を抱きしめて』(John W. Dower, *Embracing Defeat: Japan in the Wake of World War II*, W.W. Norton & Co., 1999) で紹介された。この著書を最初に手にした元 GHQ・CI&E 教育課長マーク・T・オア氏から、掲載を知らせる喜びのメッセージが届いた。そこには、「ダワーの著書には自分の名前はないが、ゲーリーの著書が紹介されている。」との趣旨であった。ダワーの著書は、勝者による上からの革命に、日本の民衆が力強く呼応した「敗北の奇跡」が描かれ、ピュリッツァー賞を受賞し、テレビでも放映された。

　1969 年から 1976 年にかけて、東京大学出版会は、『戦後日本の教育改革』シリーズ全 10 巻を刊行した。実は、第 11 巻が予定されていた。それは英文でまとめたものを、共同研究したスタンフォード大学に提出するものであったが、日の目を見なかった。筆者の英文著書は、「第 11 巻」を意図してまとめた。

　キャロル・グラック教授については、「コラム 4」で取り上げた。彼女の専門は近現代史であるが、とくに「戦争」に関する研究には卓越したものがある。前述したように、玉川大学出版部『米国教育使節団の研究』ではコロンビア大学を代表するドナルド・キーン教授から「推薦のことば」をもらったことから、翻訳にあたる英文著書には、やはり、コロンビア大学のキャロル・グラック教授が相応しいだろうと考えて依頼した。

　グラック教授は、「序文」への執筆を快諾してくれた。「序文」は簡潔なものが多いが、彼女の「序文」は、脚注付きの論文に匹敵するものである。

　本稿は、グラック教授が英文拙著『米国教育使節団の研究』を通して、戦後日本の教育改革をどのように見ているかを、筆者が翻訳して「紹介」するものである。

グラック教授からの「序文」

　1) 論文の書き方の日米間の違い

　キャロル・グラック教授は、ジョージ・B・サンソムコロンビア大学歴史

学教授の「冠教授」の肩書をもつ著名な近現代史の研究者である。「序文」の冒頭では、「歴史 は、幸か不幸かの結末を伴う説話 (Tale) として語られることもあれば、登場人物がクライマックスに向けて陰謀を駆り立てるドラマとして語られることもあり、物語の教訓 (Moral) を示す寓話 (Fable) として語られることもある。」と「寓話」をひも解く「問い」からはじめている。「コラム 19」では、戦争の歴史を「記録」と「記憶」の違いから明らかにしているが、今回は「物語」としているところが興味深い。

　アメリカ人は、「ことわざ」などを引用して「遠まわし」な表現で書きはじめることが多い。グラック教授も「寓話」からはじめている。たとえば、「多くの場合、日本占領は寓話として語られ、その教訓は話し手に依存している。」と述べ、話し手の見方が重要であることを強調している。たとえば、「田中角栄は、『戦後教育改革、とくに 6・3・3・4 学校制度は、アメリカによって強制されたもので、アメリカの 1 つの州でしか実施されていなかったものを実験的に行った』と不満を述べている。」ところから書き出している。

　余談になるが、これはアメリカ人特有の論文の書き方である。すなわち、重要なことを最初に書いて注目を引くという手法である。筆者もアメリカの大学で論文の書き方を鍛えられたことがある。日本では「序論・本論・結論」あるいは「起承転結」で文章を作成するように指導されるので、結論が最後に来るのが一般的であると考える傾向がある。しかし、アメリカでは「結論・本論・結語」という形で書くように指導されるので慣れるまでは苦労する。

　これに関連して、元読売新聞社記者・松本美奈氏は「逆三角形」あるいは「逆ピラミッド形」による文書作成方法を筆者が帝京大学にいたときに、学生に指導したことがある。これは、新聞やジャーナルを書くときの「MUST」である。その理由は、重要なことを最初に書かないと、ニュースが出たら最後の方は「カット」されるからだと聞いた。これはアメリカの学術論文の書き方に似ている。

2) 寓話の解明

1946 年の米国教育使節団団員として来日した国務省代表ゴードン・ボー

ルズによる 1987 年の回顧録を以下のように紹介している。「1946 年米国教育使節団に同行したゴードン・ボールズは回顧録をまとめ、『6・3・3 学校制度を日本人に強制したというさまざまな意見を否定している。これは、日本の教育者自身による徹底的な議論で決定され、決定は教育使節団員の多数意見と一致したものである。米国教育使節団が滞日中に意見を交わした日本側教育家委員会南原繁委員長は、一致よりもより多くの時間を調整に費やした。彼らは教育使節団に協力しただけでなく、意見を実現した。』」あるいは、イソップ寓話のように、『外見にしばしばだまされる』こともあると述べている。

「土持ゲーリーが 1946 年の米国教育使節団の詳細な研究で明らかにしているのは、一連の欺瞞的な外観についてである。占領中の多くの戦後改革と同じように、教育改革には寓話よりも長く複雑な歴史がある。」と述べている。

「1945 年半ばまで国務省計画者は、軍政では建設的な改革を成し遂げることができないと考えていた。そのため、日本教育制度の枠組みを再構築することができるリベラルな考えをもつ協力的な日本人が現れるのを待たなければならない。」と慎重的な態度であったことを紹介している。また、占領下日本の教育改革研究者メイヨー（Marlene Mayo）の論文を引用して、「SCAP の民間情報教育局（CI&E）が実際の作業を開始する前に、ワシントンが教育改革の方向性を軌道に乗せていたと結論づけ、建設的な改革の重責は日本人自身にある。」と述べていることを紹介している。

「米国教育使節団報告書に至るまでの道のりをたどる過程で、土持は日米両国間の社会的、政治的、イデオロギー的に絡み合ったかせを織り交ぜている。」と述べている。

3) マッカーサーとハーバード大学総長コナントとの対立エピソード

GHQ 舞台裏について、「ハーバード大学ジェイムス・コナント総長が教育使節団団長として推薦されたとき、マッカーサーは『政治的に不適切な人物』であるとして反対した。マッカーサーは、コナントが大統領、つまりマッカーサーも目論んだ米国大統領選を念頭に置いているのではないかと恐れた。その結果、コナントの名前は削除された。」とマッカーサーとコナントとの政

治的駆け引きの舞台裏を紹介している。

4）ローマ字改革の顛末

　ローマ字改革の舞台裏についても、「言語改革の必要性に取り憑かれた CI&E 担当者ロバート・キング・ホールは漢字を廃止し、完全にローマ字で日本語を書くという彼の『ペットプロジェクト（長年温めてきた企画）』を紹介した。『外国人が日本語を読みやすくなる』『一般の人々が法律や新聞を読み、本当に読み書きができるようになる』。ホールは、民主化からローマ字化成功までの事実を引き合いに出しながら、激しい言葉で主張した。」とホールのローマ字改革について紹介している。第一次世界大戦後のトルコでのローマ字化の成功の事実をホールは強調した。彼のローマ字改革の「執念」を考えれば、「ペットプロジェクト」との表現は的を射たものである。

　しかし、ホールの「性急」な改革が「知的および文化的追求を劇的に制限するだけでなく、国の通常の経済の流れを最も劇的な形で妨げ、深刻な結果をもたらすであろう。」という理由で、国務省から拒絶された事実も紹介している。国務省代表で、日本生まれで、ハーバード大学文化人類学者ゴードン・ボールズは、「このような日本語の抜本的な改革は望ましくないだけでなく、失敗した場合、我々の責任になる。多くの議論の末、最終報告書は、日本側教育家委員会によって決定されるように、音声システムを採用し、何らかの形のローマ字化を導入することを勧告した。」ことを紹介している。

5）『報告書』と『日本国憲法』草案の対比

　「27 人のアメリカ人教育者は、日本に到着してから 1 週間（7 日間）、SCAP と日本の教育者からの話を聞き、1 週間未満で視察を終え、1 週間（7 日間）でレポートを作成した。これは、その後の改革の大部分の基礎となった。GHQ 民政部アメリカ人が 7 日間で日本国憲法の草案を命じられたことを知るまで、短いと思うかもしれない。」と『報告書』と『日本国憲法』草案作成について紹介している。

　余談になるが、筆者はマッカーサーを「歌舞伎役者」に譬えている。歌舞

伎役者の独特の型や立ち居振る舞いの大げさ過ぎるところと似ていたからである。たとえば、マッカーサーは敗戦直後、厚木基地に到着し、飛行機のタラップから降りたとき「格好いい」写真を撮らせるために、何度も撮りなおさせたという逸話がある。したがって、彼の真意を測り知ることは難しかった。マッカーサーは、米国大使館で9月27日に昭和天皇と会見したが、会見内容の詳細は定かでない。マッカーサーは、「7」という数字が好きだった。したがって、『日本国憲法』草案も7日間で仕上げさせるなど、「7」の数字にまつわるものが多かった。天皇との会見も「27」の「7」に合わせることを忘れなかった。マッカーサーは、「ラッキーセブン」だと考えたのかも知れない。マッカーサーが日本国憲法草案を7日間で仕上げさせた背景について、マッカーサーは、当初、2年間で占領を終結することを想定していたとする彼の側近、GHQ民政部次長で憲法草案に中心的に携わったケーディス（Charles L. Kades）の証言がある。彼への単独インタビューは、1995年4月1日、マサチューセッツ州ヒースの自宅で行われた。インタビューの詳細は、拙著『新制大学の誕生―戦後私立大学政策の展開―』（玉川大学出版部、1996年）を参照。彼の自宅

ケーディス氏自家製メイプルシロップ入りの缶。マジックでサインした跡がある。

はメイプルに囲まれた邸宅で、自家製のメイプルシロップ入り缶を記念にもらったことを思い出す。缶にはケーディス直筆のサインと日付が記されているが年月が経ち、文字が消えかかっている。彼はインタビューの翌年、1996年6月18日に90歳で他界した。以下に写真を紹介する。

ケーディス氏（右）と筆者（左）（マサチューセッツ州ヒースのケーディス氏の自宅にて、1995年4月1日）

6) 6・3・3学校制度は「押しつけ」だったのか

　著書のハイライトである、6・3・3学校制度がアメリカ側の押し付けであるとする「俗論」を否定しているところでは、以下のように紹介している。

　「アメリカ型学校制度の改革は、アメリカ人ではなく日本人に端を発しているようである。教育使節団は当初、6・5学校制度、6年間の小学校とそれに続く5年間の中等学校を提案した。6・3・3制を主張したのは日本側教育家委員会であり、単線型学校制度を導入するという明確な目的があった。教育使節団は意見の一致をみなかったが、南原が『アメリカの学校制度』と呼

んだものに賛成した。日本の有力な教育者である海後宗臣も同様に、機会均等の観点から教育の民主化を主張した。」と紹介している。

「ボールズは、『報告書』の約 60% が日本側教育家委員会『親日派 (Pro-American)』によるものであったとコメントしているが、高等教育に関しては、南原のようなリベラル派はあまり協力的ではなかった。CI&E は、大学よりも初等・中等教育に関心があった。高等教育の改革を最優先事項と見なしたが、戦争犯罪被告は帝大の卒業生であった。結局、教育使節団は日本側教育委員会に届した。日本側教育委員会は、小中学校制度以外に、自国の教育機関の抜本的な改革にあまり関心がなかった。」と紹介している。

7）占領下ドイツへのアメリカ教育使節団

また、「占領下の日本とドイツにおける教育改革の経験と対照的であり、土持はそれについても書いている。日本と異なり、ドイツの再教育政策は『ポツダム協定 (The Potsdam Agreement)』に含まれた。教育使節団は、降伏前に議論されたが、1946 年 8 月の日本への教育使節団派遣後になって、ドイツのアメリカ占領地区に派遣された。」と対独教育使節団との比較も紹介している。

おわりに

最後に、教育使節団が日本に向けて出発する前、英国外交官ジョージ・サンソムは、アメリカ人は「仕立て屋が、あたかも新しいスーツを仕立てるかのように、日本に新しい教育制度が提供できるものと考えているようだ」と述べたことを紹介し、キャロル・グラック・ジョージ・サンソムコロンビア大学歴史学教授の「冠教授」の肩書につなげるところは心憎い。

また、数年後、CI&E ハーバート・パッシンは、彼の著書のなかで、日本教育制度へのアメリカのアイデアが一方的に適用されたことについて、次のように述べている。「占領軍はパンドラの箱を開けた。不注意だった。日本人に任せておくべきだった。」とコロンビア大学同僚で元 GHQ 統計課ハーバート・パッシンのことばで締めくくった。「パンドラの箱を開ける」との表現もユニークである。占領軍は箱を開けるべきだったかどうか、「疑問」

を投げかけて結んでいる。「序文」は、「問い(?)」ではじまり、「疑問(?)」で終わっている。

　筆者は、キャロル・グラック教授からの「序文」を読み返して、丁寧に紹介されたことに改めて感謝の意を表したい。そして、歴史教育の重要性を再認識した。歴史教育を「記録」にもとづかない「記憶」だけにまかせてしまえば、社会の秩序や混乱を招くことにつながることは、最近の時事問題からも明らかである。

（2021 年 1 月 11 日）

あとがき

　本書で取り上げた『教育学術新聞』（アルカディア学報）を発行する日本私立大学協会附置私立高等教育研究所創立 20 周年記念『私立大学研究の到達点』冊子が 3 月に取り纏められた。絶妙のタイミングで本書が刊行できたことは光栄である。

　世の中には不思議な「縁」があるものである。本書の出版の契機となったのは、日本私立大学協会広報部「教育学術新聞」小林功英氏の「一言」であった。彼には、弘前大学時代からお世話になっている。これまで 30 本近くの論稿を掲載してもらった。2021 年 4 月 1 日付メールで「このぶんだと本も出せそうな…（笑）」の一文に触発され、これまでの掲載リストを整理した。教員研修（FD）の重要性を熟知し、多方面から支援できる有能な人材が日本私立大学協会にいることは何と心強いことか。また、掲載記事の転用も快諾してもらい、心より感謝している。

　出版には多くの人の支援が欠かせない。今回、とくにそのことに気づかされた。『教育学術新聞』（アルカディア学報）に掲載された論考は、主体的学び研究所研究員大村昌代さんに校正から図表の作成に至るまで多くの面で協力いただいた。付録のコラムについては言うまでもない。

　『教育学術新聞』（アルカディア学報）論考は、執筆時の社会状況を反映したもので、少しズレも感じるが、「書きおろし」論考ではないので、そのまま転用することを容赦いただきたい。各論考のテーマは刊行時のものであるが、編集段階で若干の変更が加えられたものもある。

　現状は、ウイズコロナからワクチン接種での平常の取り戻しの状況にあると思われる。筆者もファイザー製薬ワクチンの恩恵を受けたが、なぜ科学技術先進国日本が世界に先駆けてワクチン開発に乗り出さないのか理解に苦しむ。塩野義製薬がワクチン開発で遅れを取り戻しているというニュース報道があった。しかし、ワクチンが接種可能になるのは、2022 年 1 月以降の予

定である。なぜ、もっと早く提供できなかったのか。「治験」という壁があったのか、理解に苦しむところである。日本には「野口英雄」という偉大な細菌学者が世界の人類の感染症と闘ったという輝かしい歴史があるではないか。また、最近では近隣の韮崎市に大村智博士という 2015 年にノーベル生理学医学賞受賞者の研究が注目されているにもかかわらずである。筆者は、開発の遅れは研究そのものよりも、制度上の不備、「国の施策の怠慢さ」にあるのではと考えている。

　コロナ禍がいつ収束するか、先の見えない暗闇を歩いている不安がある。懐中電灯なしで夜道を歩いているような怖さである。しかし、明けない夜はない。必ず日が昇る。それゆえに、コロナ禍だけの対策に終始するのではなく、ポストコロナ時代を見すえた「次世代教育」を考えることが肝要である。学校教育は不動のものだと頑なに信じ、対面授業がすべてであるとのステレオタイプ的な考えは、この機会に捨て去るべきである。批判的思考力にもとづく、複眼的で先見性のある柔軟なリベラルアーツの精神が求められる所以である。

　文科省も 2020 年度第 3 次補正予算 60 億を計上し、「デジタルを活用した大学・高専教育高度化プラン」を打ち出して注目された。その「背景・課題」を以下のように述べている。「新型コロナウイルス感染症拡大の影響により、これまで対面が当たり前だった大学・高等専門学校の教育において遠隔授業の実施が余儀なくされ、実施に当たり課題も見られたが、教員・学生からは『繰り返し学修できる』、『質問がしやすい』など好意的な意見があった」「デジタル活用に対する教育現場の意識が高まっているこの機を捉え、教育環境にデジタルを大胆に取り入れることで質の高い成績管理の仕組みや教育手法の開発を加速し、大学等におけるデジタル・トランスフォーメーション (DX) を迅速かつ強力に推進することにより、ポストコロナ時代の学びにおいて、質の向上の普及・定着を早急に図る必要がある」として、その「対応」として、「大学・高等専門学校においてデジタル技術を積極的に取り入れ、『学修者本位の教育の実現』、『学びの質の向上』に資するための取組における環境を整備。ポストコロナ時代の高等教育における教育手法の具体化を図

り、その成果の普及を図る」と述べている。

　この「デジタルを活用した大学・高専教育高度化プラン」の中に、今後の大学の方向性が明らかにされている。すなわち、大学などを含めた社会はDXという概念を取り入れなければ、生き残れないということである。換言すれば、従来の画一的な硬直した制度の見直しが喫緊の課題ということになる。

　その点、最近、アメリカサンフランシスコに本部を置くミネルヴァ大学の取組みが注目されいる。この大学は伝統にとらわれず、新しい授業形態であるデジタルトランスフォーメーションDXを目ざしている。この大学の特徴は校舎をもたないで世界7か国でフィールドワーク型授業を実践していることである。創立が2014年9月で「コロナ感染」以前であることも注目されている。これからの大学の一つのモデルになるのではないかと期待されている。

　20数年以上前に、次女が「看護師」になりたいと希望を抱いていた時期があった。筆者が、南フロリダ大学マーク・T・オア教授のもとで在外研究中であったので、南フロリダ大学看護学部長に面談したことがある。そのときのことばが印象的でいまも脳裏に刻まれている。それは、医療には「治癒」だけではなく「予防」することが重要だとして、看護師の役割の重要性について教わったことである。筆者は、新型コロナウイルスワクチン接種の予約を取るのに悪戦苦闘しているが、その先を見すえることも重要だと考えている。したがって、コロナ禍の教育対策も重要であるが、より重要なことは、ポストコロナ時代にどうつなげるかというポジティブな精神力も欠かせない。未来を考えることが今日の糧になる。

　コロナ禍の影響については紙面に書ききれないほどである。たしかに、オンライン授業で急場をしのいだが、パソコン前の学生はどう対応しているのだろうか。パソコン機器などはどう調達するのか。大学は出席管理のためにZOOMカメラをオンにするように指導している。カメラをオンにすれば部屋のプライバシーをどう確保するのかという問題も出てくる。バーチャル背景でカムフラージュしているが、「八方塞がり」の窮屈な状況に置かれているのは明らかである。

　文科省はオンライン授業での回数をこなせば良いと考えているかも知れないが、事態はより深刻で学生の精神的ダメージは計り知れない。教育は環境に左右される。何よりも学生同士の交流が「断絶」されている。このまま社会人として羽ばたくことができるのだろうか、不安は募るばかりである。

　京都情報大学院大学で筆者の授業を履修している学生のほとんどが中国からの留学生である。彼らの心中を察するに余りあるものがある。幸か不幸か、IT の専門職大学院なので中国やベトナムからでもオンラインで授業に出席している。

　ニューノーマルにおける大学教育のあり方を考えるときに直面している。

　最後に、東信堂下田勝司社長に、この「非常事態下」での出版を快諾していただいたことに深く感謝する。この感謝の気持ちは、弘前大学時代から微塵も変わることがない。

（新型コロナウイルスワクチン接種の順番を待つ山梨の自宅にて、2021 年 5 月 7 日）

論考の出典一覧

論考 1)「ウイズ / ポストコロナ時代の授業のあり方―どう変わり、どう対応するか―」(『教育学術新聞』2815 号、2020 年 9 月 9 日)

論考 2)「パラダイム転換―教員から学生へ、教育から学習へ―」(『教育学術新聞』2543 号、アルカディア学報 538、2013 年 11 月 13 日)

論考 3)「『学習パラダイム』は試験を超越したところにある」(『教育学術新聞』2743 号、アルカディア学報 632、2018 年 10 月 31 日)

論考 4)「オンライン授業とアカウンタビリティ―いま、大学は何ができるのか―」(『教育学術新聞』2835 号、アルカディア学報 692、2021 年 3 月 17 日)

論考 5)「単位制を再考する―e ラーニングによる学修時間をどう確保するか」(『教育学術新聞』2805 号、2020 年 5 月 13 日)

論考 6)「ラーニング・ポートフォリオ活用授業〈上〉」(『教育学術新聞』2394 号、2010 年 3 月 10 日)

論考 7)「ラーニング・ポートフォリオ活用授業〈下〉」(『教育学術新聞』2395 号、2010 年 3 月 24 日)

論考 8)「アクティブラーニングの現状と課題」(『教育学術新聞』2788 号、アルカディア学報 658、2019 年 11 月 13 日)

論考 9)「アクティブラーニングを促す反転授業―AO 入学者に効果的―」(『教育学術新聞』2544 号、アルカディア学報 539、2013 年 11 月 20 日)

論考 10)「反転授業の意義―『学びの転換』を促す帝京大学の新たな試み―」(『教育学術新聞』2550 号、アルカディア学報 543、2014 年 1 月 22 日)

論考 11)「ラーニングスペースがアクティブラーニングを促す―高大接続の有機的な取り組み―」(『教育学術新聞』2648 号、アルカディア学報 593、2016 年 6 月 8 日)

論考 12)「ルーブリックが日本の大学を変える―ポートランド州立大学ダネール・スティーブンス教授の講演を中心に」(『教育学術新聞』2482 号、アルカディア学報 481、2012 年 5 月 16 日)

論考 13)「アクティブラーニングの効果―ICE モデルの活用―」(『教育学術新聞』2622 号、アルカディア学報 581、2015 年 10 月 21 日)

論考 14)「アクティブラーニングの評価―ラーニング・ポートフォリオの活用―」(『教育学術新聞』2623 号、アルカディア学報 582、2015 年 10 月 28 日)

論考 15)「大学教育と高校教育との関わり―高大接続教育の一体的改革―」(『教育学術新聞』2621 号、アルカディア学報 580、2015 年 10 月 14 日)

論考 16)「中教審答申を授業改善に繋げる (1) ―能動的学修を促すファカル

ティ・ディベロップメント―」(『教育学術新聞』2500 号、アルカディア学報 499、2012 年 10 月 12 日)

論考 17)「中教審答申を授業改善に繋げる (2) ―Student Engagement を促すアメリカの大学」(『教育学術新聞』2501 号、アルカディア学報 500、2012 年 10 月 20 日)

論考 18)「学生が『主役』のアメリカの大学 注目されるアクティブアクションの一例」(『教育学術新聞』2447 号、アルカディア学報 448、2011 年 6 月 22 日)

論考 19)「学習者中心のコースデザイン―学生の学習を高めるために教員ができる活動―」(『教育学術新聞』2635 号、アルカディア学報 586、2016 年 2 月 17 日)

論考 20)「オンラインにおける反転授業―授業デザインを考える―」(『教育学術新聞』2822 号、2020 年 11 月 11 日)

論考 21)「FD とは継続的な改善―アメリカの FD の過去・現在・未来―」(『教育学術新聞』2741 号、アルカディア学報 631、2018 年 9 月 21 日)

論考 22)「『SoTL 学識研究』への誘い―ファカルティ・ラーニング・コミュニティの形成―」(『教育学術新聞』2766 号、アルカディア学報 646、2019 年 5 月 8 日)

論考 23)「アメリカ東部の小規模リベラルアーツ系大学の輝き (1) ―コロンビア・カレッジ―」(『教育学術新聞』2644 号、アルカディア学報 589、2016 年 5 月 11 日)

論考 24)「アメリカ東部の小規模リベラルアーツ系大学の輝き (2) ―イーロン大学―」(『教育学術新聞』2647 号、アルカディア学報 592、2016 年 6 月 1 日)

論考 25)「大学と社会の連携―インプットからアウトプットへ―」(『教育学術新聞』2778 号、2019 年 8 月 21 日)

論考 26)「社会に通用するアクティブラーニング (その 1) シンガポールの大学 シンガポールマネジメント大学」(『教育学術新聞』2671 号、2017 年 1 月 11 日)

論考 27)「社会に通用するアクティブラーニング (2) ―シンガポールの大学 デューク・シンガポール国立大学医学部」(『教育学術新聞』2675 号、2017 年 2 月 8 日)

論考 28)「最近のアメリカの大学事情―入学試験、リーダーシップ、就職―」(『教育学術新聞』2441 号、2011 年 5 月 11 日)

論考 29)「『新制大学』の終焉―大学はどこへ行こうとしているのか―」(『教育学術新聞』2827 号、2021 年 1 月 13 日)

論考 30)「授業改善から悩み相談まで―ファカルティ・ディベロッパーの仕事」(『教育学術新聞』2465 号、アルカディア学報 466、2011 年 12 月 21 日)

論考 31)「エデュケーショナル・ディベロッパーの資質―教員や職員に適した専門職かどうかを測るバロメーター――」(『教育学術新聞』2843 号、2021 年 6 月 2 日)

コラムの出典

コラム 1「新型コロナウィルス・パンデミックでわかった汎用的能力の重要性」（主体的学び研究所コラム 15　2020 年 9 月 18 日）

コラム 2「ジョン・タグ教授とディ・フィンク教授による『世紀の対談』映像への誘い―『教育パラダイム』と『学習パラダイム』における教育と学習を語る―」（主体的学び研究所コラム 12　2020 年 4 月 29 日）

コラム 3「言語教育を通して学ぶ大切なもの―ブリガムヤング大学（BYU）渡部正和先生との対談から―」（主体的学び研究所コラム 18　2020 年 10 月 28 日）

コラム 4「学生との対話を大切にする授業―コロンビア大学・キャロル・グラック教授―」（主体的学び研究所コラム 19　2020 年 12 月 19 日）

コラム 5「教養教育と図書館でわかる『大学の品格』」（主体的学び研究所コラム 21　2021 年 3 月 23 日）

コラム 6「『一枚』の史料で歴史が動いた」（主体的学び研究所コラム 22　2021 年 3 月 30 日）

コラム 7「キャロル・グラック教授からの『序文』」（主体的学び研究所コラム 20　2021 年 1 月 11 日）

事項索引

204

人名索引

著者紹介

土持 ゲーリー 法一（つちもち げーりー ほういち）

京都情報大学院大学副学長・教授、高等教育・学習革新センター長。コロンビア大学大学院比較・国際教育学にて教育学博士号取得、東京大学大学院にて教育学博士号取得。弘前大学 21 世紀教育センター高等教育研究開発室長・教授、帝京大学高等教育開発センター長・教授および学修・研究支援センター長・教授。主な著書に『米国教育使節団の研究』玉川大学出版部 (1991)、Education Reform in Postwar Japan: The 1946 U.S. Education Mission, University of Tokyo Press, 1993、『戦後日本の高等教育改革政策―「教養教育」の構築』玉川大学出版部 (2006) などの歴史研究。FD 関連書として、『ティーチング・ポートフォリオ―授業改善の秘訣』東信堂 (2007)、『ラーニング・ポートフォリオ―学習改善の秘訣』東信堂 (2009)、『ポートフォリオが日本の大学を変える―ティーチング／ラーニング／アカデミック・ポートフォリオの活用』東信堂 (2011)、『社会で通用する持続可能なアクティブラーニング―ICE モデルが大学と社会をつなぐ―』東信堂 (2017)。監訳として、L．ディ・フィンク『学習経験をつくる大学授業法』玉川大学出版部 (2011)、スー・ヤング『「主体的学び」につなげる評価と学習方法―カナダで実践される ICE モデル―』東信堂 (2013) など。

非常事態下の学校教育のあり方を考える──学習方法の新たな模索

2021年10月20日　　初　版第1刷発行

〔検印省略〕
定価はカバーに表示してあります。

著者ⓒ土持ゲーリー法一／発行者 下田勝司

印刷・製本／中央精版印刷

東京都文京区向丘 1-20-6　　郵便振替 00110-6-37828
〒 113-0023　TEL (03) 3818-5521　FAX (03) 3818-5514
Published by TOSHINDO PUBLISHING CO., LTD.
1-20-6, Mukougaoka, Bunkyo-ku, Tokyo, 113-0023, Japan
E-mail : tk203444@fsinet.or.jp　http://www.toshindo-pub.com

発 行 所
株式 東信堂
会社

ISBN978-4-7989-1736-8　C1037　ⓒ TSUCHIMOCHI Gary Hoichi

〒113-0023　東京都文京区向丘 1-20-6　　TEL 03-3818-5521　FAX03-3818-5514　振替 00110-6-37828
Email tk203444@fsinet.or.jp　URL:http://www.toshindo-pub.com/

※定価：表示価格（本体）＋税